AF607395

Monasterio de Santa María la Real (Aguilar de Campoo)

Una publicación del
Centro de Estudios del Románico

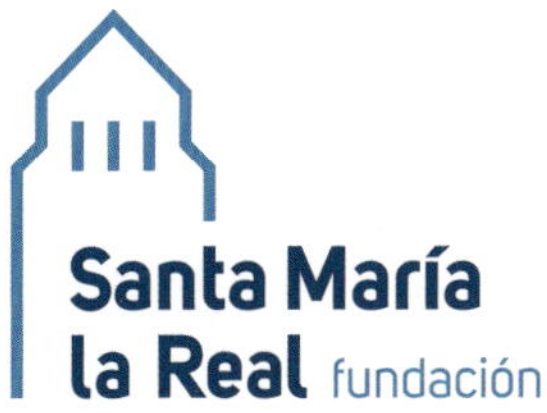

1ª edición: agosto 2024

© Textos: César del Valle y Cristina Párbole

Traducciones: Ángela Toribio Argüeso y Ángel Salvador García Barrios (inglés)
Raúl Vegas Sanz y Christophe Mabilais (francés)

© De esta edición: Fundación Santa María la Real del Patrimonio Histórico
Avda. Ronda, 1-3 · Aguilar de Campoo, 34800 (Palencia)
www.santamarialareal.org

Fotografías: César del Valle

Diseño: J&B (Jesús Herrán Ceballos y Begoña Diez)

Portada: J&B

Maquetación: J&B (Camus Impresores, S.L.)

Impresión: Camus Impresores, S.L.

ISBN: 978-84-17158-53-8

Depósito Legal: P 205-2024

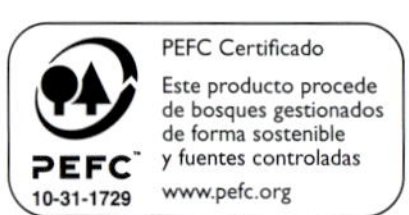

ÍNDICE

INDEX

INDICE

Historia 6
History 12
Histoire 17

Restauración 30
Restoration 33
Restauration 35

Centro expositivo Rom-románico y territorio 44
Rom - romanesque and territory exhibition centre 46
Centre d'expositions Rom- art roman et territoire 47

Las dependencias monacales 48
The monastic premises 53
Les dépendances monacales 57

Bibliografía básica 69
Basic bibliography 69
Bibliographie de base 69

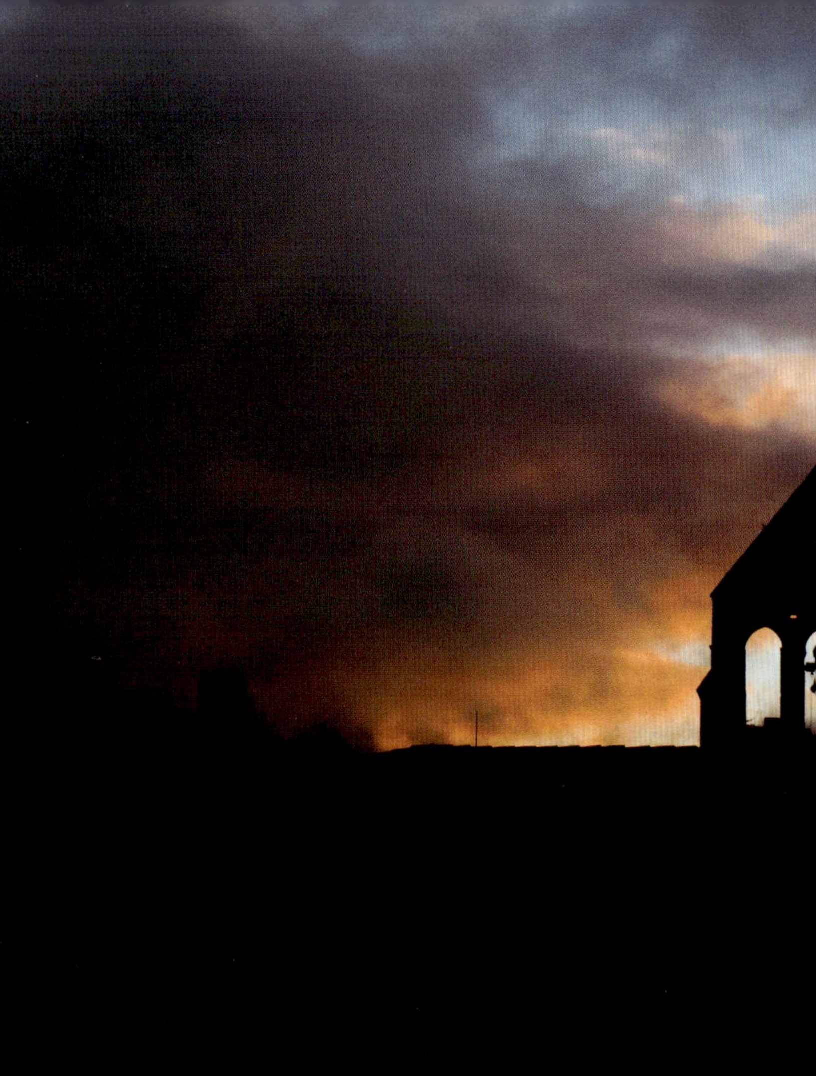

HISTORIA

Mi hermano Alpidio fue un soldado que peleó en este siglo. Un día le vino la voluntad de salir a cazar y encontró las huellas de un gran jabalí, siguiendo a sus hombres y a sus perros, llegó a un monte situado a orillas del río Pisuerga. Allí, descubrió una cerda con sus crías escondidas debajo de una iglesia construida sobre un olmo. También encontró otro templo cercano.

Estas palabras, fechadas en el año 822, forman parte del primer diploma de Santa María la Real. Fueron pronunciadas por Opila, abad del monasterio de San Miguel de Tablada, situado junto al río Ebro, y hermano del

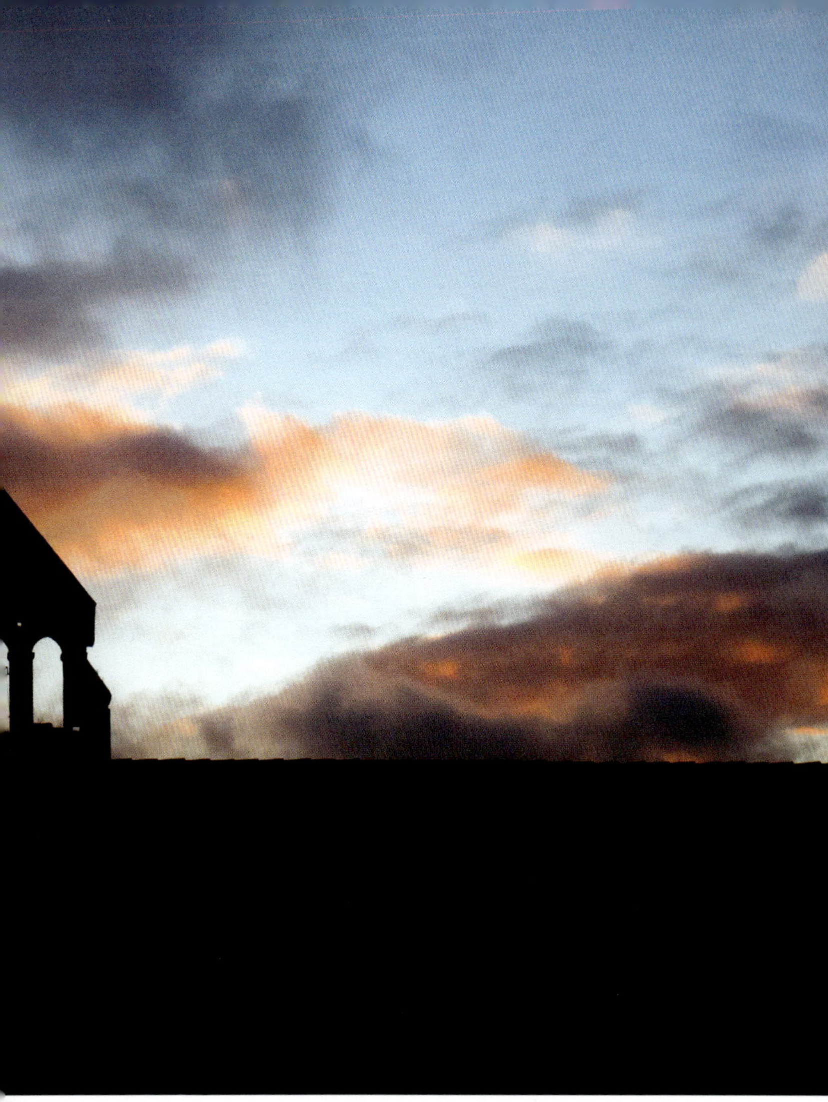

descubridor. Ambos, admirados por el hallazgo, deciden fundar aquí una nueva abadía a la que se traslade el religioso con sus monjes. Con tesón comenzaron a desbrozar el monte, labrar los campos y construir paredes. El resultado de su arduo trabajo fue del agrado del conde Osorio, quien lo escogió como el monasterio familiar donde descansarían sus restos. Así se puso en marcha un monumento destinado a convertirse en uno de los principales emblemas de la historia y el arte de Castilla.

La narración tiene todos los ingredientes para un nacimiento brillante: un guerrero y su presa, el descubrimiento milagroso de un antiguo centro cristiano en una época de consolidación frente al poder musulmán... Sin embargo, desafortunadamente, es un documento falso. Contiene pasajes idénticos a otros centros religiosos, como la catedral de Palencia o el monasterio de San Pedro de Arlanza, que fueron utilizados como auténticas maniobras propagandísticas para captar donaciones. Es probable que fuese redactado ya en el siglo XIII, cuando el monasterio comenzaba uno de sus periodos de decadencia económica y, con el fin de atraer el fervor de ricos y humildes, necesitaba reivindicarse como lugar de santidad.

La existencia de pequeñas comunidades religiosas en el siglo IX fue habitual en la Hispania cristiana. Algunas ocupando iglesias excavadas en la roca, siendo especialmente notables las que se asientan en las cuencas del alto Ebro y Pisuerga. Sin embargo, las primeras referencias documentales fidedignas de Santa María la Real no aparecen hasta los albores del año mil, como un monasterio protegido por algunas de las más importantes familias de la nobleza feudal, que cada vez va obteniendo un mayor número de donaciones.

Yo, Alfonso, rey de Castilla y Toledo, promulgo esta carta de donación de Santa María de Aguilar, en la parte que me compete, con toda su herencia, con sus montes y pertenencias, a Dios, a Santa María y a ti, abad Miguel y a todos tus sucesores que observen la regla de San Agustín.

El fragmento anterior supuso un verdadero terremoto en los cimientos del monasterio. Pertenece a un documento expedido en el año 1169 por el rey Alfonso VIII, el cual, junto a otro del mismo año y con un contenido similar, firmado por las familias de los Lara y los Osorio, donó a la orden de los premostratenses todo su dominio. Los seis monjes que lo habitaban no se resignaron al expolio y emprendieron una sólida lucha por sus derechos, presentando sucesivas demandas ante la autoridad eclesiástica. La solución no llegó hasta 1173 cuando el cardenal Jacinto Orsini, futuro papa Celestino III, promulgó una bula a favor de los mostenses. Como contrapartida, los antiguos moradores recibieron la cesión de la iglesia de San Cebrián, dos parejas de bueyes, treinta ovejas, veinte cabras, entre otros. En resumen, se estableció una verdadera pensión alimenticia de por vida para poner fin al conflicto.

La Orden de los Premostratenses, fundada por San Norberto de Xanten en 1120, floreció en una época de profunda renovación espiritual que desembocó en el nacimiento de nuevas comunidades monásticas como la cisterciense, con la que los mostenses compartían planteamientos, pero también diferencias. Las más reseñables son que no comparten la misma regla, siguiendo en nuestro caso la de San Agustín, y su actitud ante el trabajo manual, tan importante en el Cister. Los premostratenses eran canónigos regulares y abrazaban una función más pastoral que claustral. Característica que no solo se manifestaba desde el ámbito ideológico, sino también en el plano arquitectónico, visible en el elemento más emblemático de Santa María la Real: la espadaña. Auténtico sistema de comunicación medieval utilizado, entre otros fines, para transmitir mensajes a la comunidad.

Con el establecimiento definitivo de la nueva orden, se inició un periodo de enorme bonanza económica y una constante expansión territorial. A finales del siglo XIII, la comunidad contaba con más de 500 posesiones y el control de una importante red de molinos a lo largo del río Pisuerga. Existen ciertas dudas sobre la magnitud del alcance de las obras del monasterio que se encontraron los premostratenses, aunque continuaron con la construcción de un conjunto tardorrománico que, como un destacado epicentro de vanguardia artística, también fue abrazando las nuevas fórmulas góticas. En los años centrales del siglo XIII, finalizaron las obras de un edificio brillante que sirvió de fuente de inspiración a centenares de iglesias románicas, muchas de las cuales perduran hoy, configurando el actual museo al aire libre que es este territorio.

En los monasterios, como en la vida misma, los momentos de bonanza y alegría son sustituidos por periodos de crisis y tristeza. Los siglos XIV y XV fueron tiempos de catástrofes. En 1323 los propios monjes se sublevaron contra su abad y, en complicidad con varios cientos de hombres de la villa de Aguilar, saquearon las estancias del abad, arrasando después tierras y dependencias del monasterio. El corazón del reino de Castilla cada vez estaba más lejos y las viejas órdenes estaban sucumbiendo ante el empuje de las más nuevas, como franciscanos y dominicos. La sombra de la Peste Negra y los conflictos armados entre Pedro I y sus hermanastros Trastámara también dejaron su huella en la abadía, ocasionando una drástica reducción en sus ingresos.

La llegada de la Edad Moderna sentó bien a Santa María la Real. Va a unir su destino al legendario caballero Bernardo del Carpio, ilustre héroe del siglo IX. Entre sus gestas más notables sobresale haber vencido a Roldán, sobrino de Carlomagno, en la batalla de Roncesvalles. La primera alusión a su figura se remonta a 1522 coincidiendo, casualmente, con la segunda visita de Carlos I de España y V del Sacro Imperio Romano Germánico al monasterio. Enterado de la existencia de su tumba en una de las dos cuevas de Peña Longa, ordena la apertura del sepulcro, apareciendo sus restos polvorientos y una espada que el emperador toma con orgullo. Aún se conserva un fragmento de la lápida del héroe donde se puede leer: *Aquí yace sepultado el noble y esforzado caballero Bernardo del Carpio*... Inscripción con letra gótica que coincide con los primeros momentos del siglo XVI. Todo sugiere que nos enfrentamos ante una hábil estrategia propagandística orquestada por los monjes premostratenses. Su objetivo: adquirir prestigio y, por supuesto, asegurar ingresos extraordinarios que garanticen la supervivencia de la abadía. Relatos similares con la misma función publicitaria eran moneda común en casi todos los centros religiosos.

El periodo también acarrea profundos cambios a la Orden Premostratense. En los monasterios hispanos se impone la norma de elegir abades trienales, proyecto que escandalizó al Abad General de Premontré, desembocando en la separación peninsular de sus compañeros europeos fundando la Congregación Premostratense de España. En el siglo XVII se cambia el hábito blanco por el negro. El abad se elige por riguroso turno y cada monje quiere tener algún título: hay maestros de novicios, hospederos, depositarios, administradores de los bienes exteriores, secretarios del abad, enfermeros, despenseros, refitoleros, trojeros, bibliotecarios, lectores y predicadores; ya fueran perpetuos, jubilados u honorarios.

La bonanza durante el periodo moderno desencadenó un nuevo impulso constructivo. El tradicional dormitorio común fue abandonado, con lo que se erigió un claustro alto clasicista para albergar las celdas individuales. A finales del siglo XVIII se construyeron las dos alas que conforman el patio de entrada, quedando constituida la morfología actual del edificio.

Oscuros nubarrones envuelven al monasterio durante el convulso siglo XIX, aunque entre las sombras se divisa un pequeño rayo de esperanza en 1824, cuando se acuerda instalar un colegio de Artes y Filosofía. El proyecto echó raíces tres años después con la llegada de unos treinta estudiantes. Sin embargo, este espejismo en medio del desierto se desvaneció el 11 de octubre de 1835, cuando, por Decreto Ministerial, el monasterio de Santa María la Real desapareció como instituto eclesiástico. Así comenzó el periodo más sombrío de esta antigua abadía, testigo de la subasta pública de sus posesiones, rápidamente adquiridas, a excepción del propio edificio, que no encontró comprador.

En el año 1866 se produjo una situación extraña, a través de una Real Orden se prohibió la venta pública del edificio, pero no se declaró Monumento Nacional. Lo que en apariencia parece un acto de salvaguarda, se transformó en todo lo contrario por varias razones. En primer lugar, al carecer de la tutela de alguna administración, la vieja abadía quedó huérfana de que alguien velara por su destino. La segunda adversidad fue que la resolución colocó al monasterio en el centro de la diana para la extracción de sus piezas artísticas, algunas de las cuales ya habían sido expoliadas. Finalmente, fue declarado Monumento Nacional el 12 de diciembre de 1914.

La mayor condena para el monumento llegó en el año 1871, aunque en ese momento su estado ya era lamentable. Antiguos viajeros como los escritores José María Cuadrado o Isabel Pesado, esposa del banquero mexicano pero de origen palentino Antonio de Mier, describen la ruina del edificio con capiteles tirados y sepulcros abiertos, profanados y expoliados. En septiembre de aquel fatídico año comenzaron los trabajos para desmontar las piezas más notables de Santa María la Real, destinadas a ser trasladadas al Museo Arqueológico Nacional. Un total de más de treinta piezas, entre las que destacaban majestuosos capiteles y venerables sepulcros, partieron hacia Madrid, marcando así un lúgubre episodio en la crónica de la abadía.

Para aquel momento, Santa María la Real había perdido esta denominación, sustituida por la elocuente del *convento caído*. Albergaba unos usos alternativos como establo o cuartel militar durante la Guerra Civil, cuyas cicatrices, en forma de impacto de bala y grafitis, aún son visibles en sus muros.

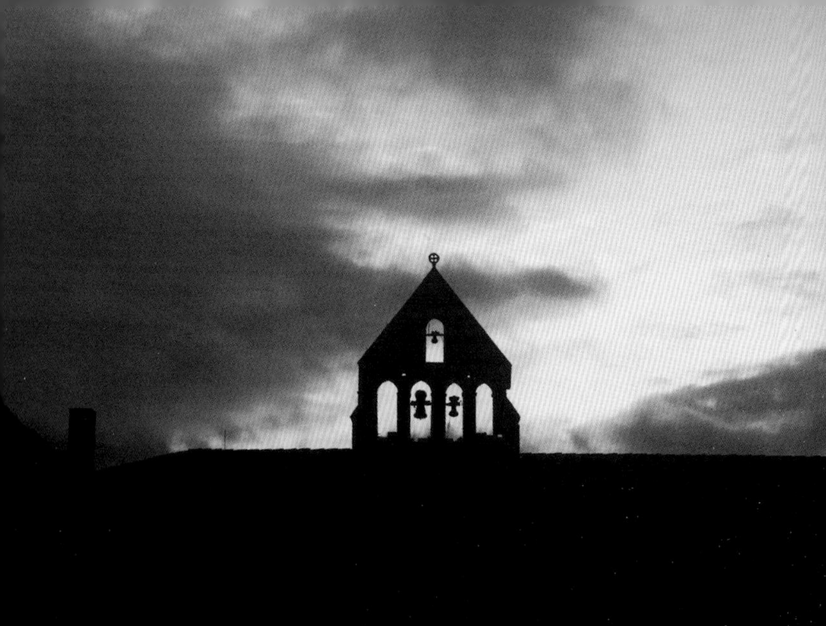

HISTORY

My brother Alpidio was a soldier who fought in this century. One day he felt like going hunting and found the tracks of a large wild boar. Following his men and his dogs, he arrived at a mountain on the banks of the river Pisuerga. There, he discovered a sow with her young hidden under a church built on top of an elm tree. He also found another temple nearby.

These words, dated 822, form part of the first diploma of Santa María la Real. They were pronounced by Opila, abbot of the monastery of San Miguel de Tablada, located next to the river Ebro, and brother of the discoverer. Both, admired by the discovery, decided to found a new abbey here, to which the monk and his monks would move. With determination, they began to clear the mountain, plough the fields and build walls. The result of their hard work was to the liking of Count Osorio, who chose it as the family monastery where his remains would rest. Thus, a monument destined to become one of the main emblems of the history and art of Castile was set in motion.

The narrative has all the ingredients for a brilliant birth: a warrior and his prey, the miraculous discovery of an ancient Christian centre at a time of consolidation in the face of Muslim power... Unfortunately, however, it is a forged document. It contains passages identical to other religious centres, such as the cathedral of Palencia or the monastery of San Pedro de Arlanza, which were used as genuine propaganda manoeuvres to attract donations. It was probably written in the 13th century when the monastery was beginning one of its periods of economic decline and, in order to attract the fervour of the rich and humble, it needed to claim itself as a place of sanctity.

The existence of small religious communities in the 9th century was common in Christian Hispania. Some of them occupied churches dug out of the rock, with those in the upper Ebro and Pisuerga basins being particularly notable. However, the first reliable documentary references to Santa María la Real do not appear until the beginning of the year 1000, as a monastery protected by some of the most important families of the feudal nobility, which obtained an increasing number of donations.

I, Alfonso, King of Castile and Toledo, enact this charter of donation of Santa María de Aguilar, in the part that is mine, with all its inheritance, with its mountains and belongings, to God, to Santa María and to you, Abbot Miguel, and to all your successors who observe the rule of St. Augustine.

The above fragment was a real earthquake in the foundations of the monastery. It belongs to a document issued in 1169 by King Alfonso VIII, which, together with another of the same year and with a similar content, signed by the families of the Lara and Osorio, donated his entire domain to the order of the Premonstratensians. The six monks who lived there did not resign themselves to the plundering and began a solid struggle for their rights, presenting successive demands to the ecclesiastical authority. The solution did not come until 1173 when Cardinal Jacinto Orsini, the future Pope Celestine III, issued a bull in favour of the Mostenses. In return, the former inhabitants received the cession of the church of San Cebrián, two pairs of oxen, thirty sheep and twenty goats, among other things. In short, a real life-long alimony was established to put an end to the conflict.

The Order of the Premonstratensians, founded by Saint Norbert of Xanten in 1120, flourished at a time of profound spiritual renewal that led to the birth of new monastic communities such as the Cistercians, with whom the Mostenses shared approaches, but also differences.

The most notable differences were that they did not share the same rule, following in our case that of Saint Augustine, and their attitude to manual work, so important in the Cistercians. The Premonstratensians were regular canons and embraced a more pastoral than cloistered function. This characteristic was not only manifested in the ideological sphere, but also on the architectural level, visible in the most emblematic element of Santa María la Real: the belfry. An authentic medieval communication system used, among other purposes, to transmit messages to the community.

With the definitive establishment of the new order, a period of enormous economic prosperity and constant territorial expansion began. By the end of the 13th century, the community had more than 500 possessions and the control of an important network of mills along the river Pisuerga. There is some doubt about the extent of the monastery works that the Premonstratensians encountered, although they continued with the construction of a late Romanesque ensemble which, as an outstanding epicentre of artistic avant-garde, also embraced the new Gothic formulas. In the middle years of the 13th century, work was completed on a brilliant building that served as a source of inspiration for hundreds of Romanesque churches, many of which survive today, forming the current open-air museum that this territory is.

In monasteries, as in life itself, moments of bonanza and joy are replaced by periods of crisis and sadness. The 14th and 15th centuries were times of catastrophes. In 1323 the monks themselves revolted against their abbot and, in collusion with several hundred men from the town of Aguilar, sacked the abbot's quarters, then razed the monastery's lands and outbuildings to the ground. The heart of the kingdom of Castile was increasingly distant and the old orders were succumbing to the push of the newer orders, such as the Franciscans and Dominicans. The shadow of the Black Death and the armed conflicts between Peter I and his half-brothers Trastámara also left their mark on the abbey, causing a drastic reduction in its income.

The arrival of the Modern Age was good for Santa María la Real. It was to join its destiny to that of the legendary knight Bernardo del Carpio, an illustrious hero of the 9th century. Among his most notable deeds was his defeat of Roland, Charlemagne's nephew, at the battle of Roncesvalles. The first allusion to his figure dates back to 1522, coinciding, coincidentally, with the second visit of Charles I of Spain and V of Holy Roman Empire to the monastery. Aware of the existence of his tomb in one of the two caves of Peña Longa, he ordered the tomb to be opened, revealing his dusty remains and a sword that the emperor took with pride. A fragment of the hero's tombstone is still preserved and reads: *Here lies buried the noble and valiant knight Bernardo del Carpio....* This inscription in Gothic script coincides with the early 16th century. Everything suggests that we are faced with a skilful propaganda strategy orchestrated by the Premonstratensian monks. Their aim: to acquire prestige and, of course, to secure extraordinary income to ensure the survival of the abbey. Similar stories with the same advertising function were common currency in almost all religious centres.

The period also brought profound changes to the Premonstratensian Order. In the Hispanic monasteries, the rule of electing three-year abbots was imposed, a project that scandalised the General Abbot of Premontré, leading to the separation of the peninsular from his European companions and the founding of the Premonstratensian Congregation of Spain. In the 17th century, the white habit was changed to black. The abbot was elected in turn and each monk wanted to have some title: there were masters of novices, guest masters, stewards, administrators of external goods, secretaries to the abbot, infirmarers, cellarers, almoners, kitcheners, cantors, precentors, chamberlains, librarians, readers and preachers; whether they were perpetual, retired or honorary.

The boom during the modern period triggered a new building boom. The traditional common dormitory was abandoned and a high classicist cloister was erected to house the individual cells. At the end of the 18th century, the two wings that make up the entrance courtyard were built, forming the current morphology of the building.

Dark clouds enveloped the monastery during the turbulent 19th century, although among the shadows a small glimmer of hope could be seen in 1824, when it was agreed to establish a college of Arts and Philosophy. The project took root three years later with the arrival of some thirty students. However, this mirage in the middle of the desert vanished on 11 October 1835, when, by Ministerial Decree, the monastery of Santa María la Real disappeared as an ecclesiastical institute. Thus began the darkest period of this ancient abbey, which witnessed the public auction of its possessions, which were quickly acquired, with the exception of the building itself, which found no buyer.

A strange situation arose in 1866, when a Royal Order prohibited the public sale of the building, but it was not declared a National Monument. What on the surface appeared to be an act of safeguarding, turned out to be quite the opposite for several reasons. Firstly, as the old abbey was no longer under the guardianship of any administration, it was left without anyone to watch over its fate. The second adversity was that the resolution placed the monastery at the centre of the target for the extraction of its artistic pieces, some of which had already been plundered. It was finally declared a National Monument on 12 December 1914.

The greatest condemnation for the monument came in 1871, although at that time its condition was already lamentable. Former travellers such as the writers José María Cuadrado and Isabel Pesado, wife of the Mexican banker (originally from Palencia) Antonio de Mier, described the ruin of the building, with capitals thrown down and sepulchres opened, desecrated and plundered. In September of that fateful year, work began to dismantle the most notable pieces of Santa María la Real, destined to be transferred to the National Archaeological Museum. A total of more than thirty pieces, including majestic capitals and venerable tombs, left for Madrid, marking a grim episode in the chronicle of the abbey.

By that time, Santa María la Real had lost this name, replaced by the eloquent name of the *fallen convent*. It housed alternative uses as a stable or military barracks during the Civil War, the scars of which, in the form of bullet impact and graffiti, are still visible on its walls.

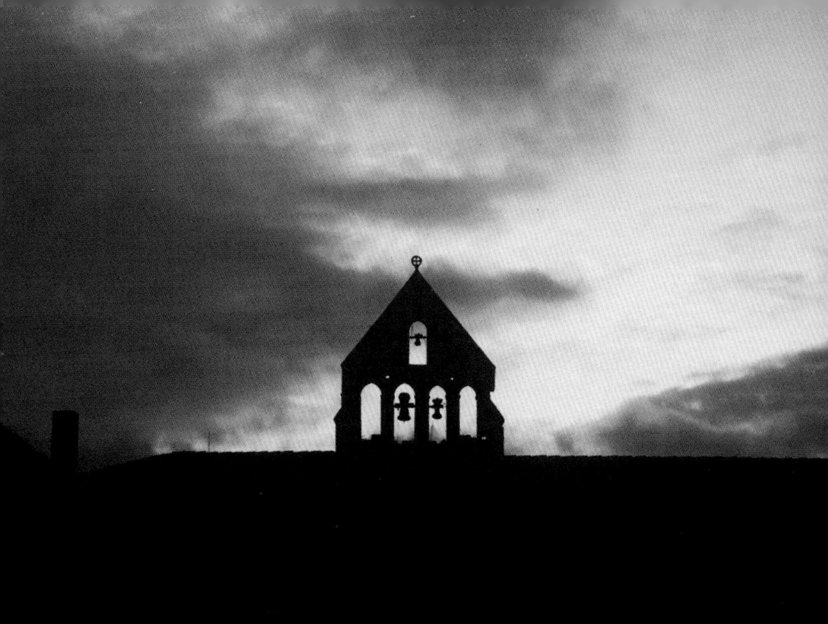

HISTOIRE

Mon frère Alpidio fut un soldat qui combattit pendant ce siècle. Un jour la volonté lui vint d'aller à la chasse et il trouva les traces d'un gros sanglier ; en suivant ses hommes et ses chiens il arriva à un rocher situé au bord de la rivière Pisuerga. Là, il découvrit une truie avec ses petits cachés sous une église construite sur un orme. Il trouva aussi un autre temple à proximité.

Ces mots, datés en 822, font partie de la première charte de Santa María la Real. Ils furent prononcés par Olipa, abbé du monastère de San Miguel de Tablada, situé à côté du fleuve Èbre, et frère d'Alpidio. Tous deux, en admiration devant cette découverte, décident de fonder sur les lieux une nouvelle abbaye pour y accueillir le religieux et ses moines. Ils commencèrent à débroussailler la montagne avec persévérance, à labourer les champs et à construire des murs. Le résultat de leur travail ardu fut du goût du comte Osorio, qui choisit le monastère comme l'endroit où reposeraient sa dépouille et celles de sa famille. C'est ainsi que se mit en marche un monument destiné à devenir l'un des principaux emblèmes de l'histoire et de l'art de Castille.

Le récit possède tous les ingrédients d'une naissance éclatante : un guerrier et sa proie, la découverte miraculeuse d'un ancien centre chrétien à une époque de consolidation face au pouvoir musulman... Cependant, il s'agit malheureusement d'un faux document. Il contient des passages identiques à ceux d'autres centres religieux, tels que la cathédrale de Palencia ou le monastère de San Pedro de Arlanza, utilisés comme de véritables outils de propagande afin d'obtenir des dons. Il est probable qu'il fût rédigé au XIIIe siècle, lors d'une des périodes de décadence économique du monastère et, pour attirer la ferveur des riches et des humbles, il avait besoin de se revendiquer comme lieu de sainteté.

L'existence de petites communautés religieuses au IXe siècle fut habituelle dans l'Hispania chrétienne, quelques-unes d'entre elles établies dans les églises creusées dans la roche, dont les meilleurs exemples sont celles situées dans les bassins du Haut-Èbre et Pisuerga. Les premières références documentaires dignes de foi sur Santa María la Real n'apparaissent cependant qu'au début de l'an mille, comme un monastère protégé par quelques-unes des familles les plus importantes de la noblesse féodale et qui obtient de plus en plus de dons.

Moi, Alphonse, roi de Castille et de Tolède, je promulgue cette charte de donation de Santa María de Aguilar, de la part qui m'appartient en droit, avec tout son héritage, avec ses bois et dépendances, à Dieu, à Sainte Marie et à toi, abbé Miguel et à tous tes successeurs qui observeront la règle de Saint- Augustin.

Le passage précédent impliqua un vrai séisme dans les fondations du monastère. Il appartient à un document délivré en 1169 par le roi Alphonse VIII et qui, avec un autre de la même année et de contenu similaire, signé par les familles Lara et Osorio, donna à l'Ordre des Prémontrés tout son domaine. Les six moines qui habitaient le monastère ne se résignèrent pas à la spoliation et entreprirent une ferme lutte pour défendre leurs droits en déposant des recours auprès des autorités ecclésiastiques. La solution n'arriva qu'en 1173 quand le cardinal Jacinto Orsini, futur pape Célestin III, promulgua une bulle en faveur des Prémontrés. En contrepartie, les anciens habitants reçurent l'église de San Cebrián, deux couples de bœufs, trente brebis et vingt chèvres entre autres. En bref, pour mettre un terme au conflit, une véritable pension alimentaire à vie fut mise en place.

L'Ordre des Prémontrés, fondée par Saint Norbert de Xanten en 1120, fleurit dans une époque de profond renouvellement spirituel qui mena à la naissance de nouvelles communautés monastiques comme les Cisterciens, avec lesquels les Prémontrés partageaient certaines lignes, mais aussi des différences. Les plus notables sont de ne pas suivre la même règle et leur attitude face au travail manuel, si important chez les Cisterciens. Les Prémontrés étaient des chanoines réguliers et épousaient une fonction plus pastorale que claustrale, ce qui se manifestait non seulement dans le domaine idéologique, mais aussi sur le plan architectural, dont l'expression la plus emblématique à Santa María la Real est le clocher-mur, un vrai système de communication médiévale utilisé, entre autres, pour transmettre des messages à la communauté.

Avec l'établissement définitif du nouvel ordre débuta une période d'énorme prospérité économique et une constante expansion territoriale. À la fin du XIIIe siècle la communauté comptait plus de 500 possessions et le contrôle d'un important réseau de moulins le long de la rivière Pisuerga. Il existe certains doutes sur l'envergure des travaux que les Prémontrés trouvèrent dans le monastère, mais ils poursuivirent la construction d'un ensemble du roman tardif qui, comme un remarquable épicentre d'avant-garde artistique, épousa aussi les nouvelles formules gothiques. Au milieu du XIIIe siècle furent achevés les travaux d'un brillant édifice qui servit de source d'inspiration à des centaines d'églises romanes, dont beaucoup perdurent aujourd'hui encore, façonnant l'actuel musée en plein air que constitue ce territoire.

Dans les monastères, tout comme dans la vraie vie, aux moments de prospérité et de joie se substituent des périodes de crise et de tristesse. Les XIVe et XVe siècles constituèrent des époques de catastrophes. En 1323 les moines eux-mêmes se soulevèrent contre leur abbé et, avec la complicité de centaines d'hommes de la ville d'Aguilar, ils pillèrent ses demeures, rasant ensuite des terres et des dépendances du monastère. Le cœur du royaume de Castille se trouvait de plus en plus loin et les vieux ordres monastiques succombaient face à la montée des plus récents, tels que les Franciscains et les Dominicains. L'ombre de la Peste Noire et les conflits armés entre Pedro I et ses demi-frères Trastámara laissèrent aussi leur trace dans l'abbaye, provoquant une importante réduction de ses revenus.

L'arrivée de l'Âge Moderne fit du bien à Santa María la Real. Le monastère unira son destin au légendaire chevalier Bernardo del Carpio, illustre héros du IXe siècle, dont l'exploit le plus remarquable est sa victoire sur Roland, neveu de Charlemagne, lors de la bataille de Roncevaux. La première allusion au héros remonte à 1522, et cela coïncide, par hasard, avec la seconde visite au monastère de Charles I d'Espagne (Charles V du Saint-Empire Romain Germanique) qui, apprenant l'existence de sa tombe dans l'une des deux grottes de Peña Longa, ordonne d'ouvrir le sépulcre, où apparaissent la dépouille poussiéreuse du héros et une épée que l'empereur prend avec fierté. Il existe encore un fragment de la pierre tombale du héros sur laquelle on peut lire : *Ci-gît le noble et courageux chevalier Bernardo del Carpio…* C'est une inscription en écriture gothique propre aux premières années du XVIe siècle. Il s'agirait donc d'une habile stratégie de propagande orchestrée par les moines prémontrés. Leur objectif : acquérir du prestige et, bien sûr, assurer des revenus extraordinaires garantissant la survie de l'abbaye. Des récits similaires avec la même fonction publicitaire étaient monnaie courante dans presque tous les établissements religieux.

La période entraîne aussi de profonds changements dans l'Ordre des Prémontrés. Dans les monastères espagnols s'impose la règle d'élire des abbés trisannuels, projet qui scandalisa l'Abbé Général de Prémontré, et qui aboutit à la fondation de la Congrégation du Prémontré d'Espagne, séparée de la congrégation européenne. Au XVIIe siècle l'habit blanc est changé pour le noir. Les abbés sont rigoureusement élus chacun leur tour et tous les moines désirent un titre : il y a des maîtres de novices, des hôtes, des trésoriers, des administrateurs des biens extérieurs, des secrétaires de l'abbé, des infirmiers, des dépensiers, des chargés du réfectoire, des gardiens de grenier, des bibliothécaires, des lecteurs et prédicateurs, soit permanents, à la retraite ou honoraires.

La prospérité durant la période moderne déclencha un nouvel élan constructif. On abandonna le traditionnel dortoir commun, et on construisit un cloître supérieur de style classiciste pour y accueillir les cellules individuelles. À la fin du XVIIIe siècle furent construites les deux ailes qui forment la cour d'entrée, donnant lieu à la morphologie actuelle de l'édifice.

De gros nuages noirs enveloppent le monastère durant le mouvementé XIXe siècle, bien qu'on aperçoive entre les ombres une petite lueur d'espoir en 1824, quand il fut décidé d'y installer une école d'Arts et de Philosophie. Le projet prit forme trois ans plus tard avec l'arrivée d'une trentaine d'étudiants. Pourtant, ce mirage au milieu du désert s'effaça le 11 octobre 1835 quand, par Décret Ministériel, le monastère de Santa María la Real disparut comme collège ecclésiastique. C'est alors que commença la période la plus sombre de cette ancienne abbaye, témoin de la vente aux enchères de ses possessions, rapidement acquises, à l'exception de l'édifice lui-même, qui ne trouva pas d'acquéreur.

En 1866 se produisit une étrange situation: un Décret Royal interdit la vente publique de l'édifice, mais celui-ci ne fut pas déclaré Monument National. Ce qui à priori semble être un acte de sauvegarde devint tout le contraire pour plusieurs raisons. D'abord, parce que la vieille abbaye étant dépourvue de tutelle administrative, personne ne pouvait veiller sur son destin. Ensuite, parce qu'avec ce décret, le monastère fut la cible du prélèvement de ses pièces artistiques, dont certaines avaient été déjà pillées. Le monastère fut finalement classé Monument National le 12 décembre 1914.

La plus grande condamnation pour le monument eut lieu en 1871, même si à ce moment-là son état était déjà lamentable. D'anciens voyageurs tels que José María Cuadrado ou Isabel Pesado, épouse d'Antonio de Mier, banquier mexicain mais originaire de Palencia, décrivent l'état de ruine de l'édifice avec des chapiteaux au sol et des sépulcres ouverts, profanés et pillés. C'est en septembre de cette année fatidique que commencèrent les travaux pour démonter les pièces les plus importantes de Santa María la Real, destinées à être transférées au Musée National d'Archéologie. Un total de plus de trente pièces, parmi lesquelles de majestueux chapiteaux et de vénérables sépulcres, partirent vers Madrid, marquant ainsi un lugubre épisode dans la chronique de l'abbaye.

À ce moment-là, Santa María la Real avait perdu cette dénomination en faveur d'une autre plus éloquente, celle de *couvent écroulé*. Il servait à d'autres usages comme étable ou caserne militaire pendant la Guerre Civile espagnole, dont les cicatrices, en forme d'impact de balle et des graffitis, sont encore visibles sur ses murs.

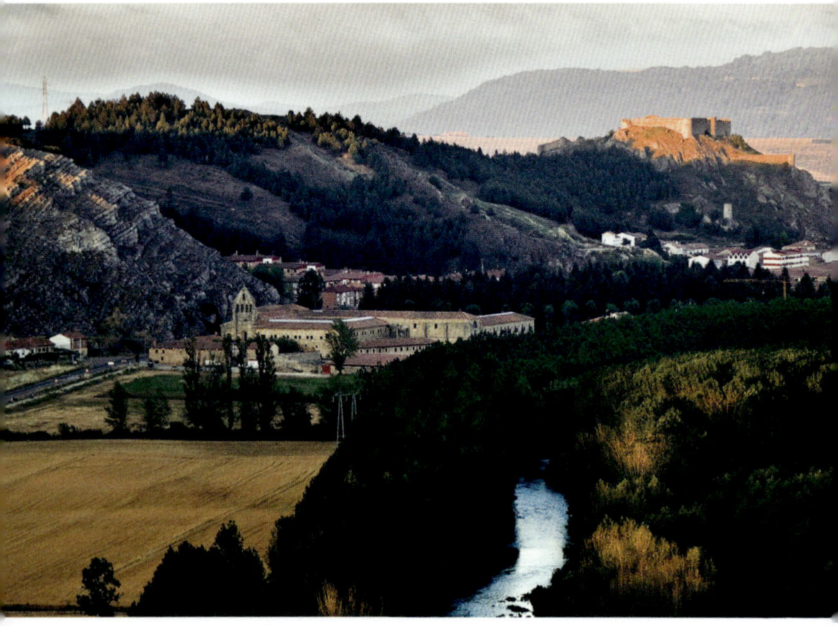

Panorámica de Aguilar de Campoo con el monasterio en primer plano.
Panoramic view of Aguilar de Campoo with the monastery in the foreground.
Vue panoramique d'Aguilar de Campoo avec le monastère au premier plan.

Monasterio a vista de dron (Foto: Javier Lera).
Monastery from a drone view (Photo: Javier Lera).
Le monastère à vue de drone (Photo: Javier Lera).

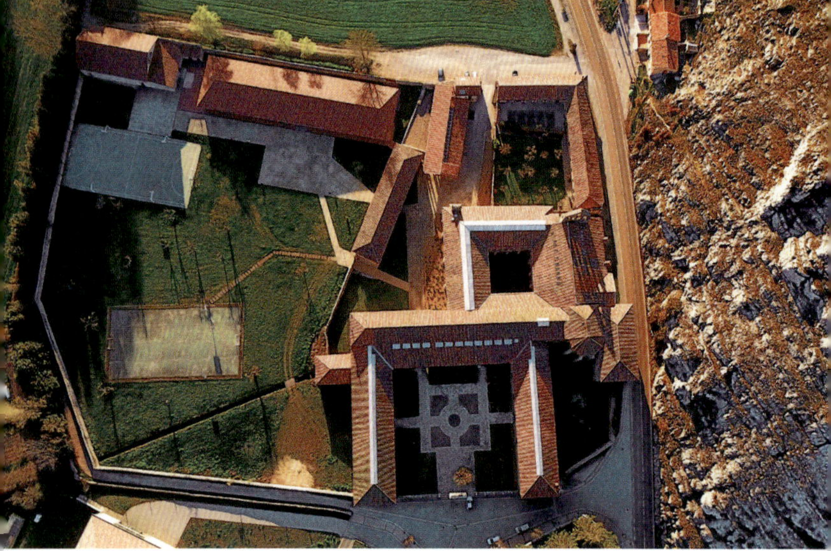

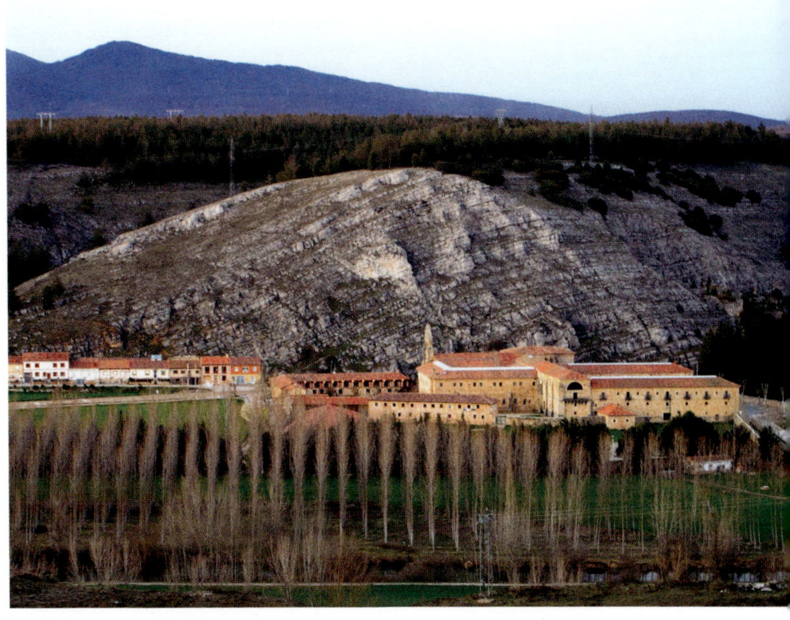

Vista panorámica de la abadía desde el sur.
Panoramic view of the abbey from the south.
Vue panoramique de l'abbaye depuis le sud.

Panorámica norte del monasterio. En primer plano, una de las dos cuevas fundacionales, posteriormente convertida en la ermita de los santos Pedro y Pablo.
North of the monastery panoramic view. In the foreground, one of the two founding caves, later converted into the hermitage of Saints Peter and Paul.
Vue panoramique nord du monastère. Au premier plan, une des deux grottes, devenue plus tard ermitage des saints Pierre et Paul.

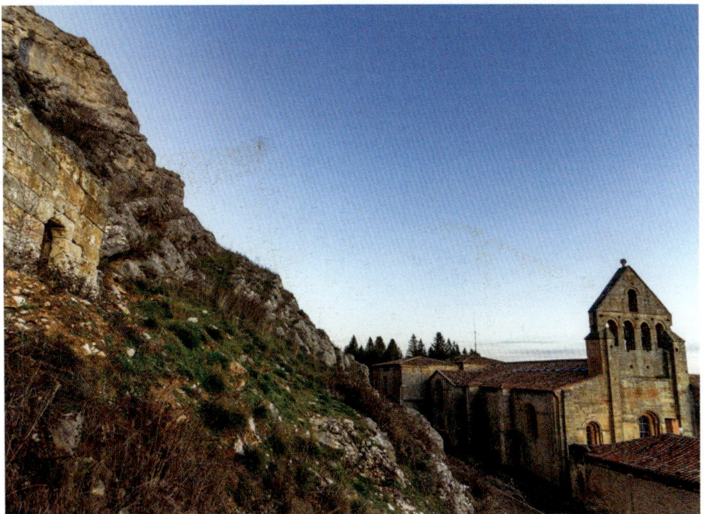

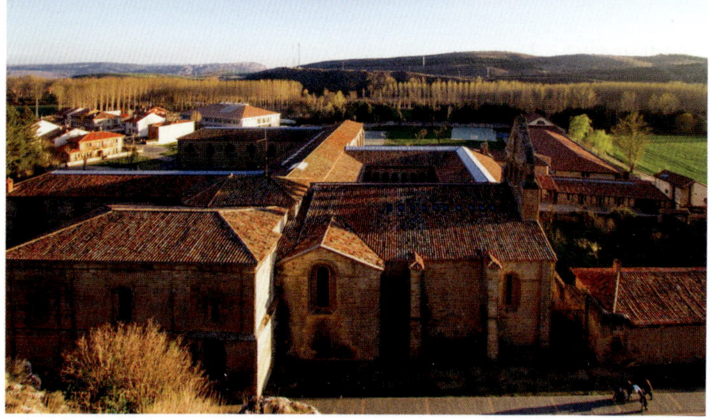

Vista del conjunto desde Peña Longa.
View of the complex from Peña Longa.
Vue d'ensemble depuis le rocher de Peña Longa.

Interior de la sala capitular.
Interior of the chapter house.
Intérieur de la salle capitulaire.

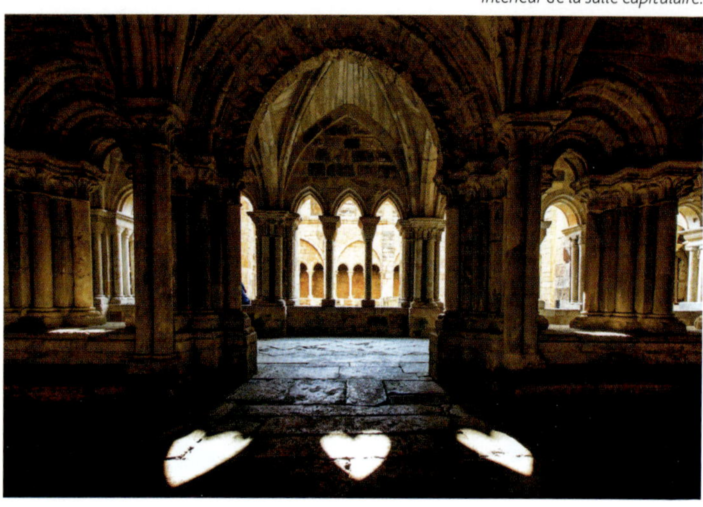

Galería occidental del claustro bajo.
Western gallery of the lower cloister.
Galerie ouest du cloître inférieur.

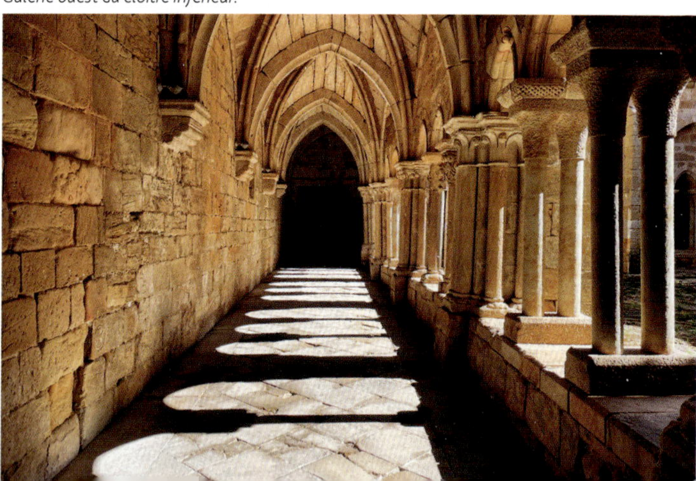

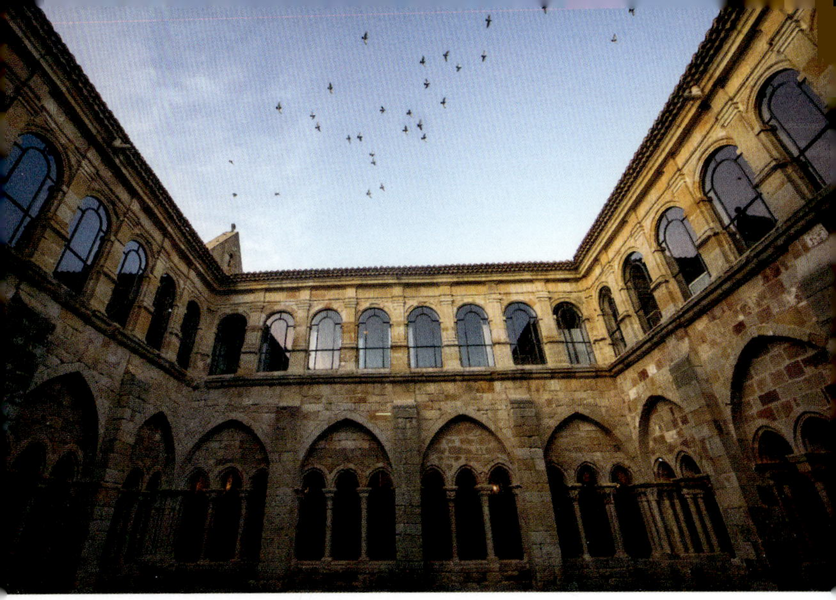

Panorámica del claustro. Las galerías inferiores son románicas y las superiores fueron añadidas en el siglo XVII.
Panoramic view of the cloister. The lower galleries are Romanesque and the upper ones were added in the 17th century.
Vue panoramique du cloître. Les galeries inférieures sont romanes et les supérieures furent ajoutées au XVIIe siècle.

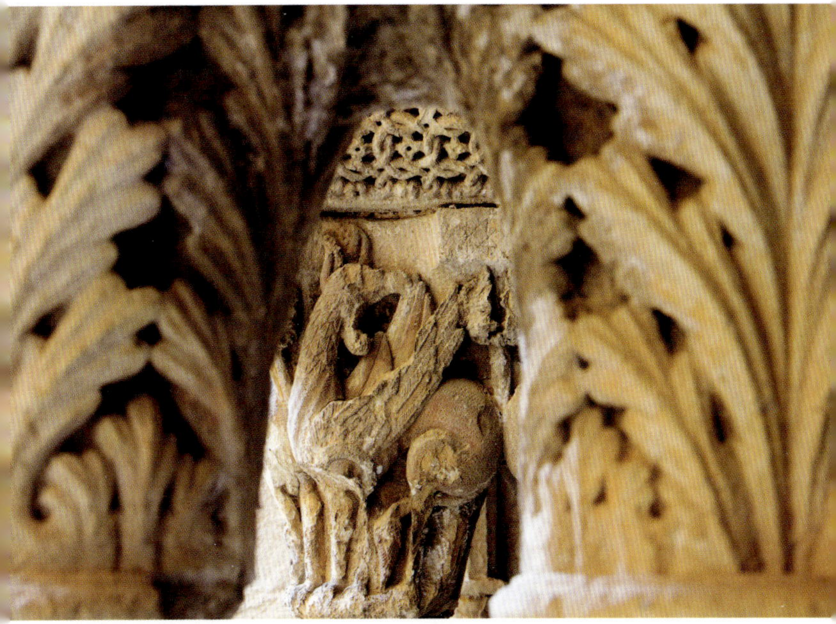

Capiteles tardorrománicos de la galería septentrional del claustro. Están decorados con motivos vegetales y parejas de grifos.
Late Romanesque capitals of the northern gallery of the cloister. They are decorated with vegetal motifs and pairs of griffins.
Chapiteaux du roman tardif de la galerie nord du cloître. Ils sont ornés de motifs végétaux et de griffons.

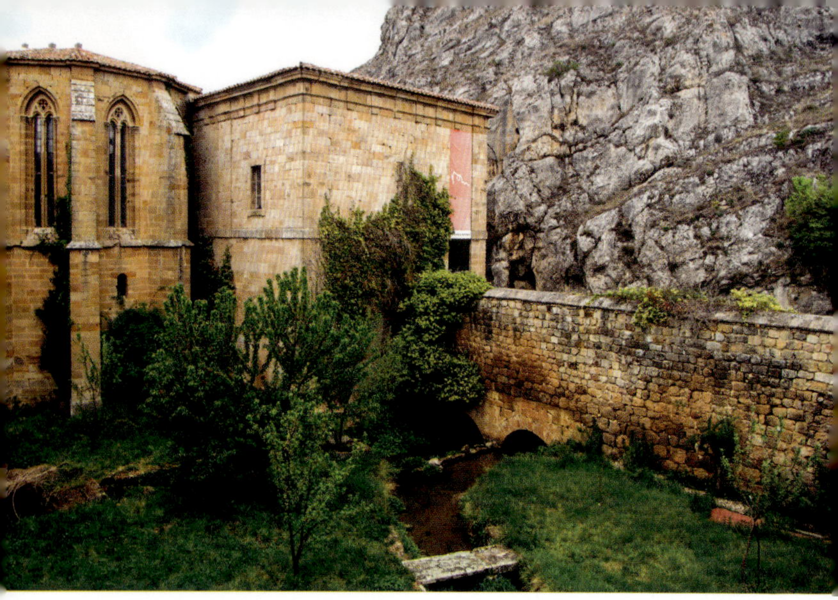

Imagen del patio de manantiales con el ábside central de la iglesia, la capilla del Cristo y el nacimiento del arroyo que cruza el monasterio.

Image of the spring courtyard with the central apse of the church, the chapel of Christ and the source of the stream that crosses the monastery.

Image de la cour où le ruisseau qui traverse le monastère prend sa source, avec l'abside centrale de l'église, la Chapelle du Christ et la source du ruisseau qui traverse le monastère.

Sillar de consagración de la iglesia del monasterio, realizada por el obispo Mauricio de Burgos en 1222.

Consecration ashlar of the monastery church, made by Bishop Mauricio de Burgos in 1222.

Pierre de taille de consécration de l'église, réalisée par l'évêque Mauricio de Burgos. L'église fut consacrée en 1222.

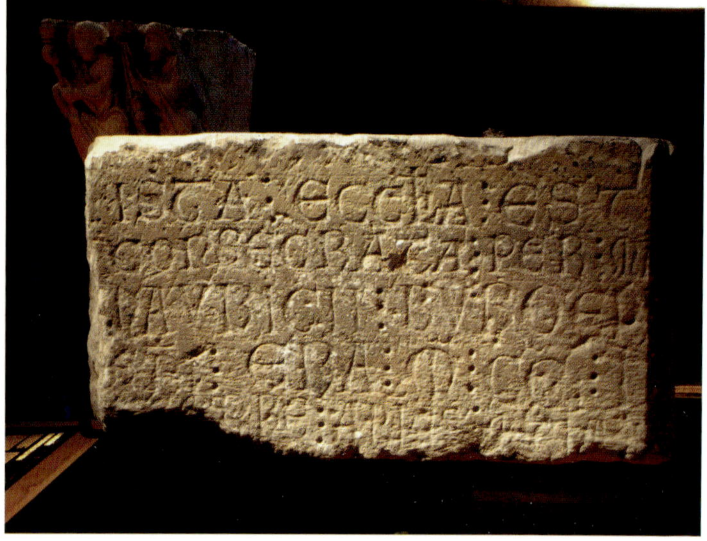

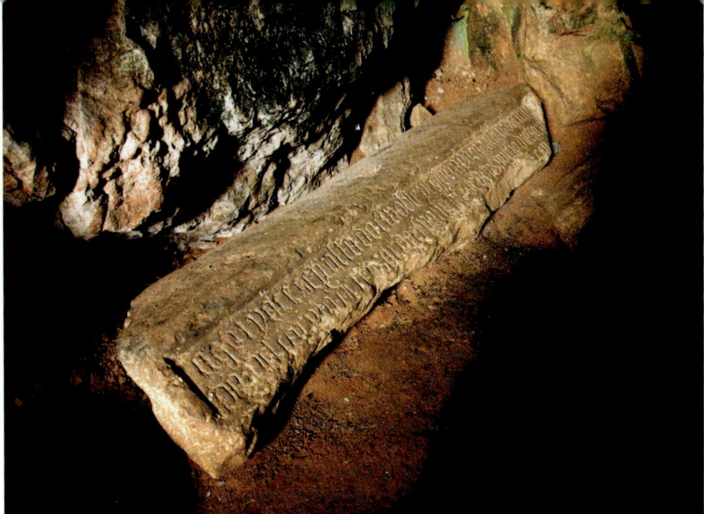

Fragmento de la lápida de Bernardo del Carpio, ubicada en el interior de una cueva, antigua ermita de los santos Pedro y Pablo, situada en la falda sur de Peña Longa. La inscripción, en letra gótica, menciona: *Aquí yace sepultado el noble y esforzado cavallero Bernardo del Carpio defensor de España hijo de don Sancho Díaz conde de Saldaña í dela ínfanta doña Xímena hija del rey don Alonso el II llamado el Casto. Murió por los años de 850.*
Fragment of the tombstone of Bernardo del Carpio, located inside a cave, former hermitage of saints Pedro and Pablo, located on the southern slope of Peña Longa. The inscription, in Gothic script, reads: *Here lies buried the noble and hard-working knight Bernardo del Carpio, defender of Spain, son of Don Sancho Diaz, Count of Saldaña and of the infanta Doña Xímena, daughter of King Alonso II, known as the Chaste. He died in the years of 850.*
Fragment de la pierre tombale de Bernardo del Carpio qui se trouve à l'intérieur d'une grotte, ancien ermitage des saints Pierre et Paul, situé sur le flanc sud du rocher de Peña Longa. L'inscription, en caractères gothiques, dit: Ci-gît le noble et courageux chevalier Bernardo del Carpio, défenseur de l'Espagne, fils de don Sancho Diaz, comte de Saldaña, et de l'infante doña Ximena, fille du roi Alonso dit le Chaste. Il mourut vers 850.

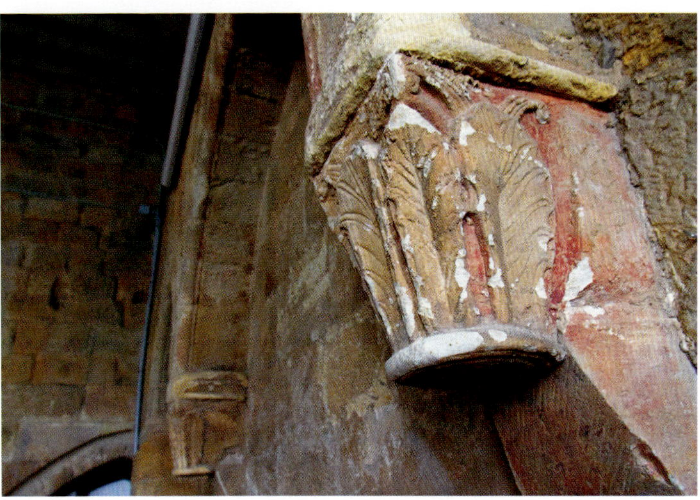

Detalle de uno de los capiteles tardorrománicos de la arquería situada en el muro oriental del refectorio.
Detail of one of the late Romanesque capitals of the arcade in the eastern wall of the refectory.
Détail d'un des chapiteaux du roman tardif de l'arcature située sur le mur est du réfectoire.

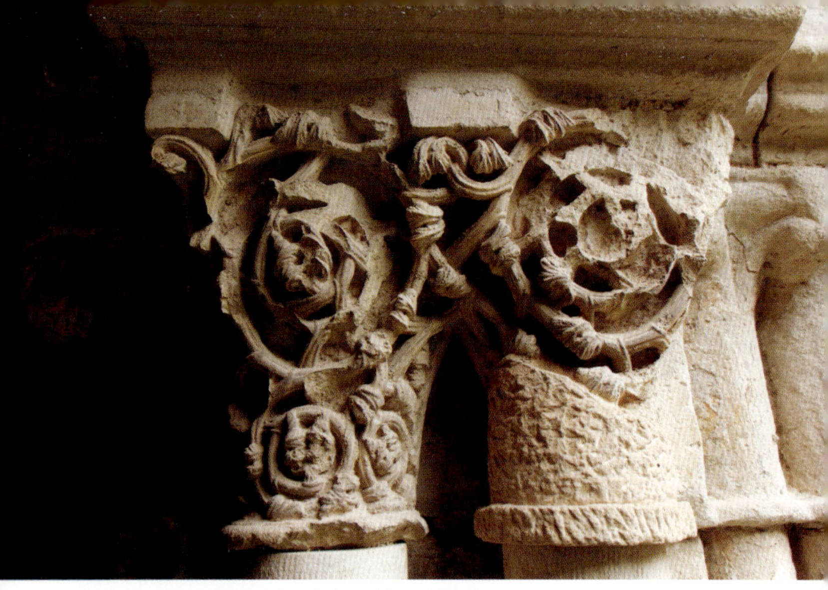

Capitel tardorrománico de la galería occidental del claustro.
Está decorado con roleos vegetales.
Late Romanesque capital of the western gallery of the cloister.
It is decorated with vegetal scrolls.
Chapiteau du roman tardif de la galerie ouest du cloître.
Il est orné de motifs végétaux.

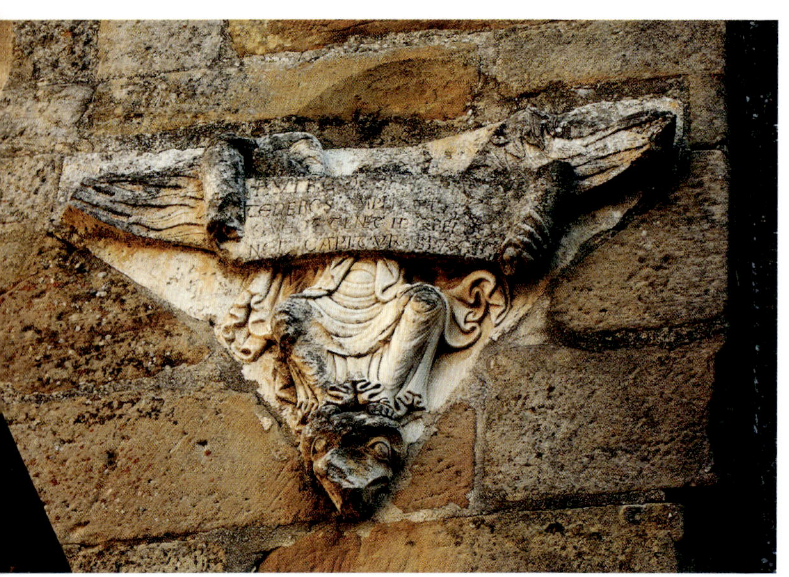

Ángel situado en la esquina noroeste de la fachada occidental. En la cartela se puede leer: (La Virgen recoge los tiernos miembros de su parto, de quien se encuentra en el regazo y no cabe en el espacio).
Angel located in the northwest corner of the western façade. The cartouche reads: (The Virgin gathers the tender limbs of her childbirth, who is in her lap and does not fit in space).
Ange situé dans le coin nord-ouest de la façade occidentale. Sur la pancarte on peut lire:

+ VIRGO SUI PARTVS
TENEROS AMPLECTITVR(ARTUS)
QVEM TENET IN GREMIO
NON CAPITVR SPACIO

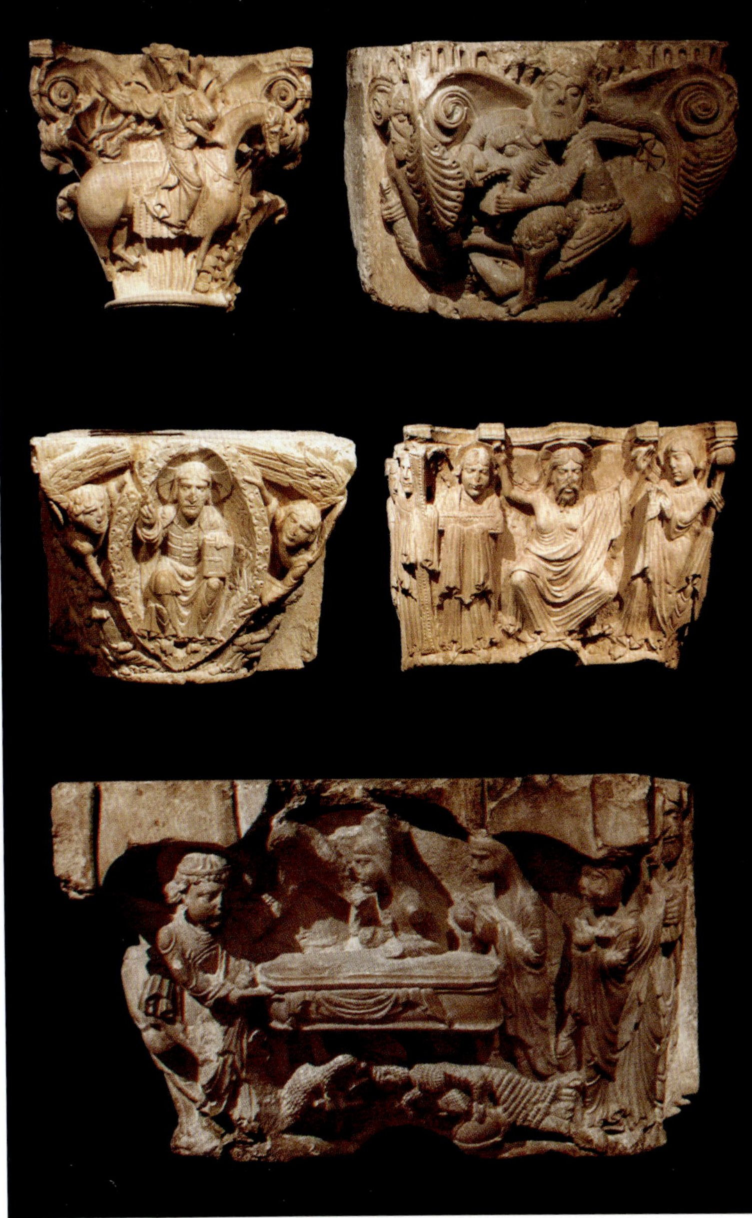

Capiteles procedentes de la iglesia. Hoy depositados en el Museo Arqueológico Nacional (Madrid).

Capitals from the church. Today deposited in the National Archaeological Museum (Madrid).

Chapiteaux provenants de l'église, aujourd'hui conservés au Musée National d'Archéologie, (Madrid).

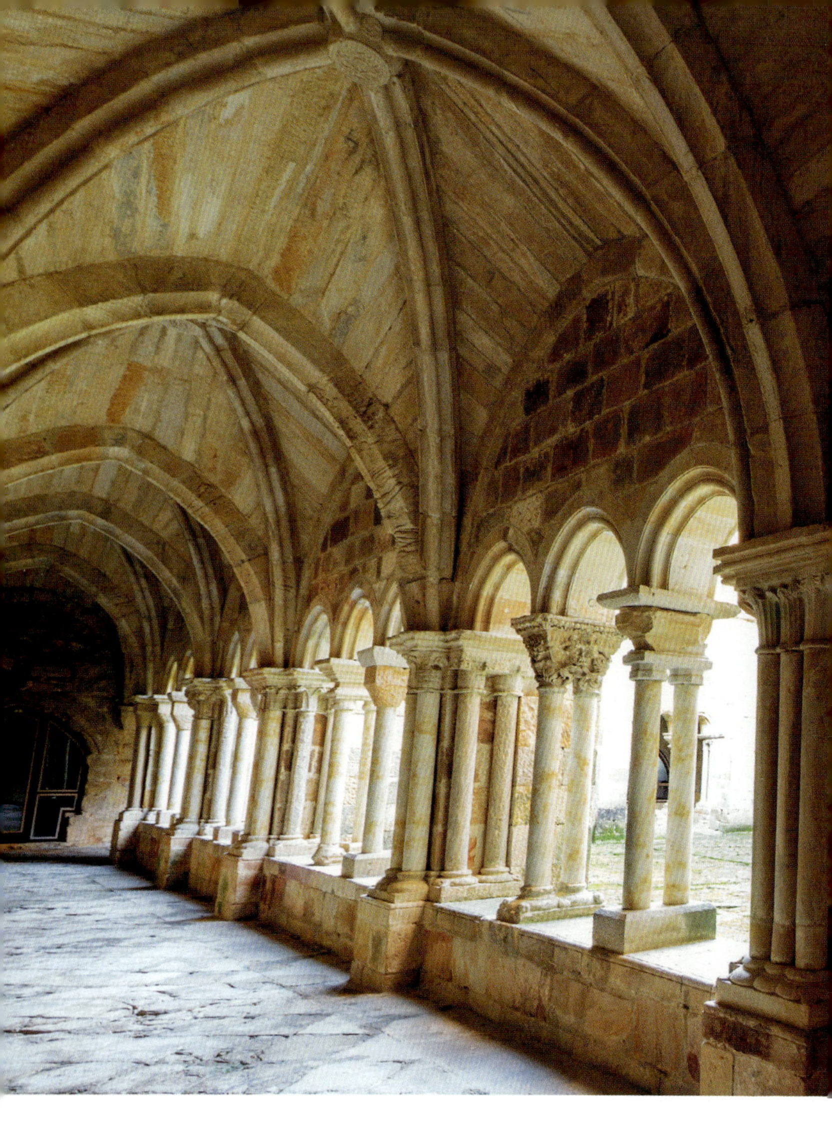

RESTAURACIÓN

El *milagro* de la restauración comenzó en la Segunda República, con la renovación del tejado de la iglesia. En ocasiones, las intervenciones arquitectónicas producen heridas, como la emprendida entre los años 1955 y 1968. El arquitecto Anselmo Arenillas desarrolló una actuación de corte historicista que aspiraba a devolver la imagen medieval al monasterio a costa de despojarle de sus añadidos posteriores. Fue una dura rehabilitación inconclusa en la que se suprimió el coro situado a los pies de la iglesia, se labraron nuevos capiteles para el claustro bajo o se proyectó desmontar el claustro alto por no ser románico.

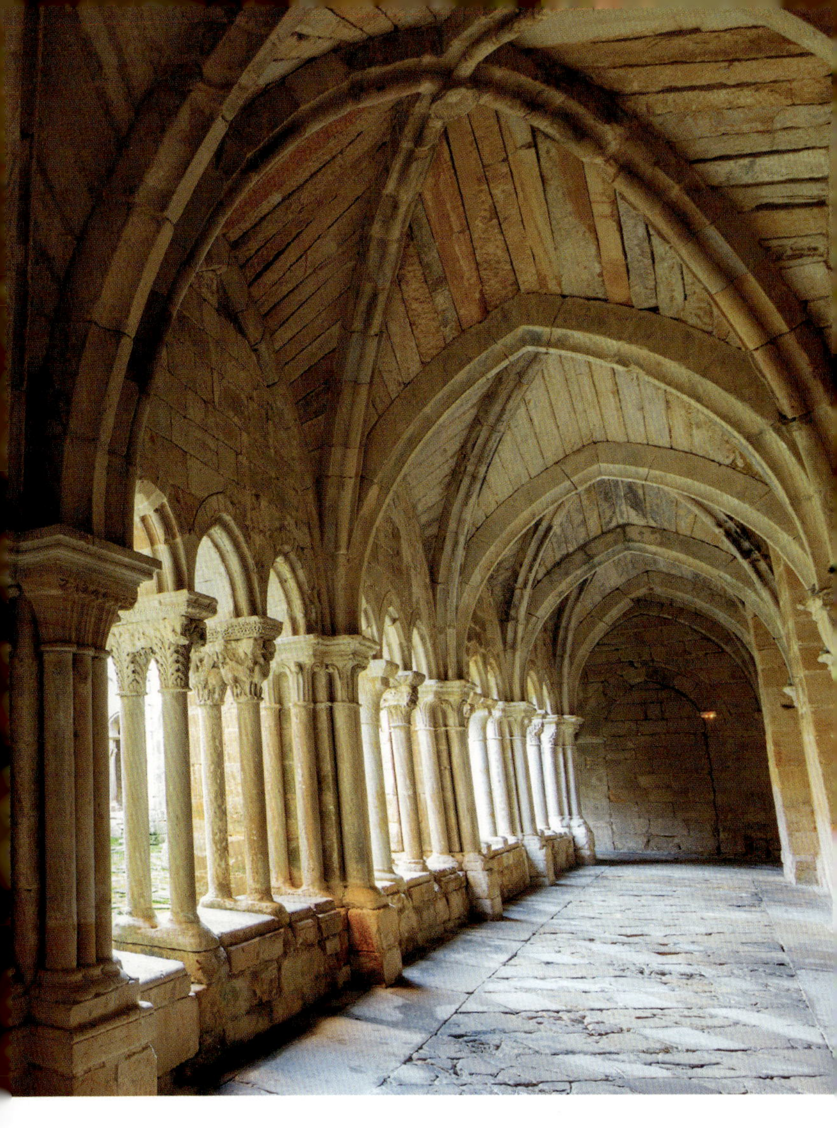

Los trabajos no se retomaron hasta el 1977. A priori no parecía un momento adecuado para el renacimiento del monasterio, con el país inmerso en la incertidumbre que conlleva un profundo cambio político. Se estaban cumpliendo los peores presagios expresados por Miguel de Unamuno quien a principios del siglo XX, ante la imagen destrozada de la abadía, se preguntaba: *¿Quedan entre estas ruinas hombres?* Todo parecía indicar que no, que los hombres andaban más preocupados por otros problemas propios de la época. Pero resultó que sí, aún quedaban personas entre las ruinas dispuestas a escribir uno de los capítulos más brillantes en la historia del monumento. En ese año se fundó la Asociación de Amigos del Monasterio de Aguilar con el anhelo de recuperar el viejo edificio y convertirlo en un centro de dinamización para toda la comarca. Cientos de personas engrosaron sus filas: gente del pueblo, foránea, anónima, célebre… Ilusión, trabajo y esperanza son las palabras que definen a este grupo de personas que, de la mano con el impulsor de la idea José María Pérez, *Peridis*, comenzaron a trabajar en el desescombro del *convento caído*. El objetivo de la rehabilitación se estaba cumpliendo, pero se buscaba más, se quería, en cierto modo, replicar lo que había sido la abadía en la Edad Media para su territorio: un gran centro de desarrollo cultural, económico y laboral. El monasterio se vestía con andamios y se escuchaba el tintinear de mazos y piquetas, ejecutado por cuadrillas de jóvenes aguilarenses que, gracias a la inauguración en el año 1985 de la Escuela Taller, tenían la posibilidad de una formación en oficios tradicionales y algunos meses de trabajo remunerado. Enseñanza que ha desempeñado un papel central en la restauración de este monasterio, siendo su principal función albergar un Instituto de Educación Secundaria, activo desde el curso 1984-85 hasta la actualidad. Centro que sigue formando estudiantes, manteniendo viva la llama formativa que los premostratenses ya imaginaron allá por el siglo XII.

El colofón llegó en el año 1988, la restauración fue distinguida con el Premio Europa Nostra, máxima distinción a nivel europeo para la conservación del patrimonio histórico. Así culminaban más de diez años de restauración y ciento cincuenta años de abandono. El monumento había dejado de ser el *convento caído* para renacer como el monasterio de Santa María la Real.

En la actualidad, la antigua abadía sigue un periodo de crecimiento, renovación y enriquecimiento de actividades. Es la sede del Instituto de Educación Secundaria, la UNED, la Escuela Oficial de Idiomas, también incorpora cometidos que hacen un guiño a su pasado medieval y hospedero, con la Posada de Santa María la Real. Pero, sobre todo, es la sede de la Fundación Santa María la Real, heredera de la antigua Asociación de Amigos del Monasterio, hoy convertida en una potente entidad que busca generar desarrollo sostenible y activar los territorios, mediante la puesta en marcha de proyectos e iniciativas innovadoras basados en tres ejes: personas, patrimonio y paisaje.

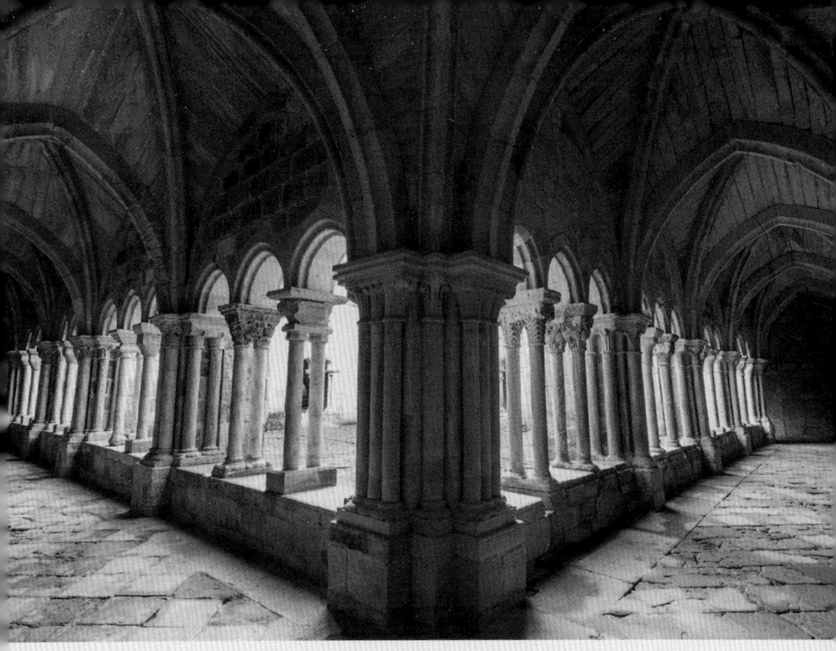

RESTORATION

The *miracle* of restoration began in the Second Republic, with the renovation of the church's roof. Architectural interventions sometimes cause wounds, such as the one undertaken between 1955 and 1968. The architect Anselmo Arenillas carried out a historicist project that aimed to restore the medieval image of the monastery by stripping it of its later additions. It was a harsh, unfinished restoration in which the choir at the foot of the church was removed, new capitals were carved for the lower cloister and the upper cloister was planned to be dismantled because it was not Romanesque.

Work was not resumed until 1977. A priori it did not seem an appropriate time for the rebirth of the monastery, with the country immersed in the uncertainty brought about by a profound political change. The worst omens expressed by Miguel de Unamuno were coming true. At the beginning of the 20th century, faced with the destroyed image of the abbey, he asked himself: "*Are there any men left among these ruins?*". Everything seemed to indicate that no, that men were more concerned with other problems of the time. But it turned out that yes, there were still people among the ruins who were ready to write one of the most brilliant chapters in the history of the monument. In that year, the Association of Friends of the Monastery of Aguilar was founded with the aim of recovering the old building and turning it into a centre of dynamism for the whole region. Hundreds of people swelled its ranks: people from the town, foreigners, anonymous, famous... Enthusiasm, work and hope are the words that define this group of people who, hand in hand with the driving force behind the idea, José María Pérez *Peridis*, began to work on the restoration of the *fallen convent*. The objective of the rehabilitation was being achieved, but they were looking for more, they wanted, in a way, to replicate what the abbey had been in the Middle Ages for its territory: a great centre of cultural, economic and labour development. The monastery was dressed with scaffolding and the tinkling of sledgehammers and pickaxes could be heard, carried out by teams of young people from Aguilar who, thanks to the inauguration of the Workshop School in 1985, had the possibility of training in traditional trades and a few months of paid work. Education has played a central role in the restoration of this monastery, its main function being to house a Secondary School, active from the 1984-85 academic year to the present day. This centre continues to train students, keeping alive the educational flame that the Premonstratensians had already imagined back in the 12th century.

The crowning achievement came in 1988, when the restoration was awarded the Europa Nostra Prize, the highest European distinction for the conservation of historical heritage. This was the culmination of more than ten years of restoration and one hundred and fifty years of neglect. The monument had ceased to be the *fallen convent* to be reborn as the monastery of Santa María la Real.

Today, the old abbey is still immersed in a period of growth, renovation and enrichment of activities. It is home to the Secondary School, the University of Distance Education and the Official Language School. It also incorporates tasks that are a nod to its mediaeval and hospitable past, with the Posada de Santa María la Real. But, above all, it is the headquarters of the Santa María la Real Foundation, heir to the former Association of Friends of the Monastery, nowadays converted into a powerful entity that seeks to generate sustainable development and activate the territories, through the implementation of innovative projects and initiatives based on three axes: people, heritage and landscape.

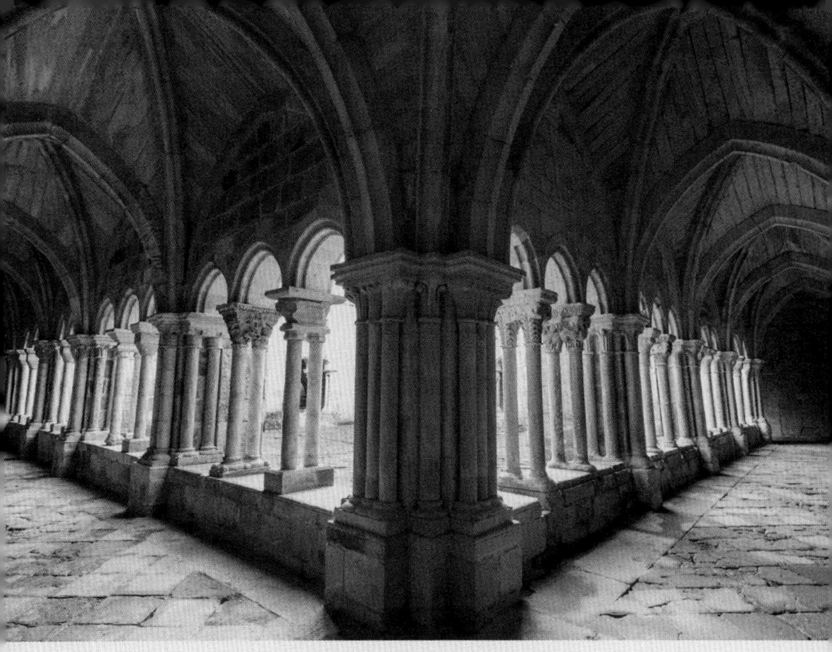

RESTAURATION

Le *miracle* de la restauration commença pendant la Seconde République Espagnole, avec la rénovation de la toiture de l'église. Parfois, les interventions architecturales produisent des blessures, comme celle entreprise entre les ans 1955 et 1968 : l'architecte Anselmo Arenillas mena une intervention d'après les caractéristiques de l'Historicisme dont l'intention était de rendre au monastère son image médiévale quitte à le priver de ses ajouts postérieures. Ce fut une rénovation difficile et inachevée pendant laquelle fut supprimé le chœur situé aux pieds de l'église, de nouveaux chapiteaux pour le cloître inférieur furent taillés ou il fut envisagé de démonter le cloître supérieur parce qu'il n'était pas roman.

Les travaux ne reprirent qu'en 1977. A priori le moment ne semblait pas le plus adéquat pour la renaissance du monastère, quand le pays vivait l'incertitude qu'implique un profond changement politique. Les pires présages exprimés par Miguel de Unamuno se réalisaient ; cet écrivain, devant l'image de l'abbaye détruite, se demandait au début du XXe siècle : *Reste-il des hommes dans ces ruines ?* Apparemment la réponse était non, les hommes étaient plus préoccupés par les problèmes de l'époque. Mais il s'avérait que oui, il restait encore des personnes entre les ruines prêtes à écrire un des chapitres les plus brillants de l'histoire du monument. Cette même année fut fondée l'Association des Amis du Monastère d'Aguilar, avec le désir de récupérer l'ancien édifice et le transformer en centre de redynamisation pour la région. Des centaines de personnes rejoignirent les rangs de l'association : des personnes du village, des personnes étrangères, anonymes, célèbres… Enthousiasme, travail et espoir sont les mots qui définissent ce groupe de personnes qui, à l'aide du promoteur de l'idée José María Pérez *Peridis*, commencèrent le travail en retirant les décombres du *couvent écroulé*. L'objectif de la réhabilitation était en train d'être tenu, mais on voulait davantage, on voulait reproduire, d'une certaine manière, ce que l'abbaye avait signifié pour son territoire : un grand centre de développement culturel, économique et professionnel. Le monastère s'habillait d'échafauds et on y entendait le tintement des maillets et des pioches des équipes de jeunes d'Aguilar qui, grâce à l'ouverture d'un centre d'apprentissage en 1985, avaient la possibilité de suivre une formation en métiers traditionnels et d'avoir un travail rémunéré pendant quelques mois. L'enseignement a joué un rôle essentiel dans la restauration de ce monastère ; en fait, c'est le siège d'un Établissement d'Enseignement Secondaire depuis 1984, permettant ainsi d'entretenir la flamme formative que les Prémontrés avaient déjà imaginée au XIIe siècle.

Le point culminant arriva en 1988, quand la restauration obtint le Prix Europa Nostra, la plus haute distinction européenne pour l'entretien du patrimoine historique. C'était l'aboutissement de plus de dix ans de restauration et cent cinquante ans d'abandon. Le monument n'était plus le *couvent écroulé* mais la renaissance du monastère de Santa María la Real.

Actuellement, l'ancienne abbaye vit toujours une période de croissance, de rénovation et d'enrichissement d'activités. C'est le siège des Collège et Lycée Santa María la Real, de l'UNED et de l'École Officielle des Langues, mais elle joue également des rôles qui sont un clin d'œil à son passé médiéval et d'hébergement avec la création du complexe hôtelier Posada de Santa María la Real. Mais c'est surtout le siège de la Fondation Santa María la Real, héritière de l'ancienne Association des Amis du Monastère, devenue aujourd'hui une puissante entité qui recherche un développement durable et la dynamisation des territoires, à travers la mise en place de projets et initiatives innovants basés sur trois axes : personnes, patrimoine et paysage.

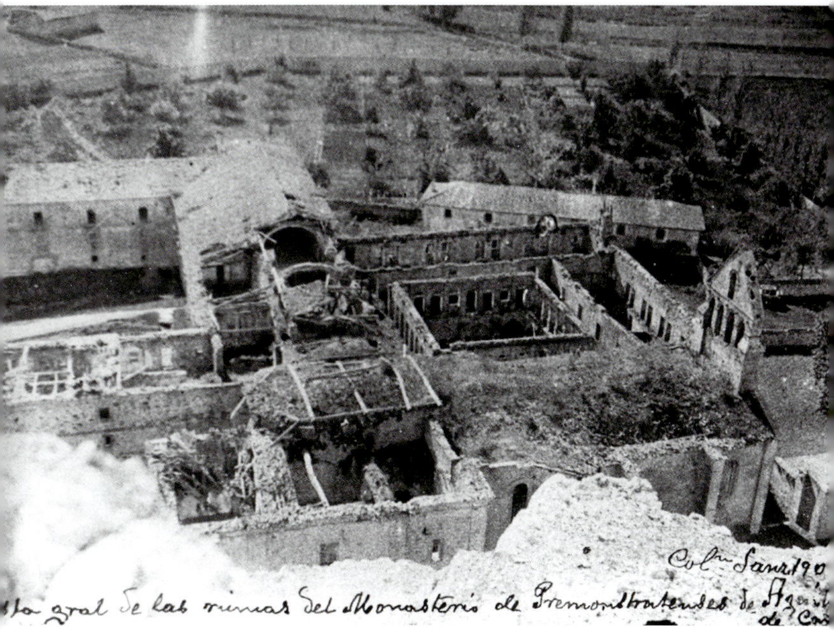

Aspecto del monasterio de Santa María la Real en 1908.
Aspect of the monastery of Santa María la Real in 1908.
Aspect du monastère de Santa María la Real en 1908.

Imagen actual de monasterio.
Current image of the monastery.
Image actuelle du monastère.

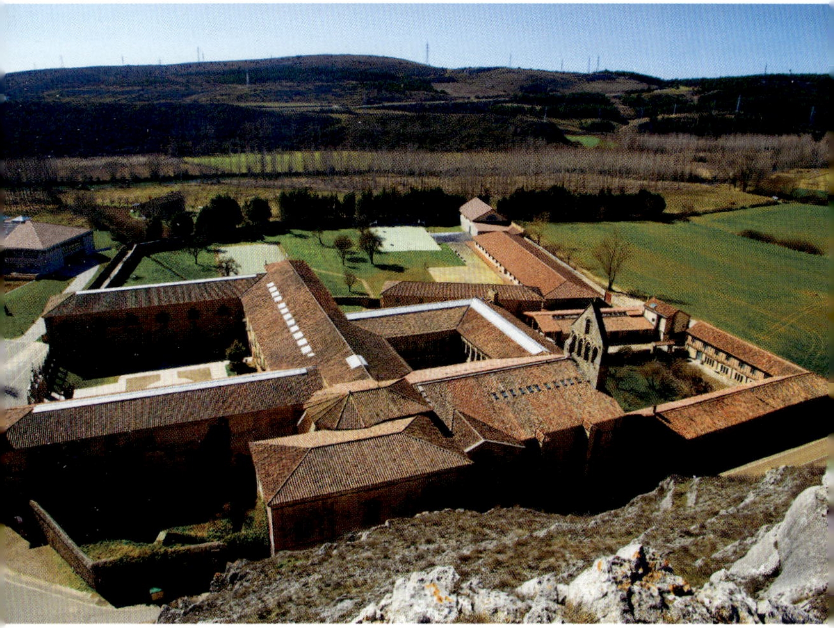

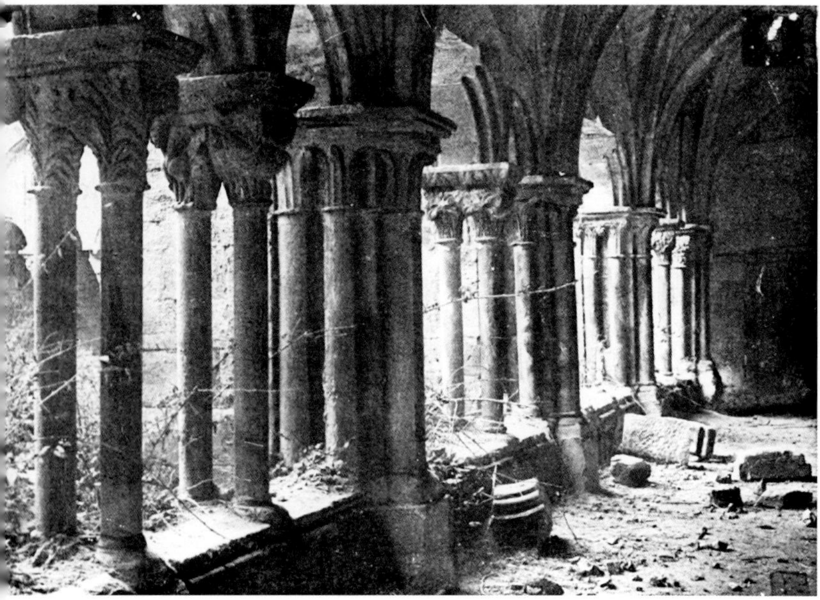

Estado de la galería septentrional del claustro a principios del siglo XX.
Condition of the northern gallery of the cloister at the beginning of the 20th century.
État de la galerie nord du cloître au début du XXe siècle.

Aspecto de la cabecera de la iglesia y la capilla del Abad a principios del siglo XX.
Aspect of the chancel of the church and the Abbot's chapel at the beginning of the 20th century.
Aspect du chevet de l'église et de la chapelle de l'Abbé au début du XXe siècle

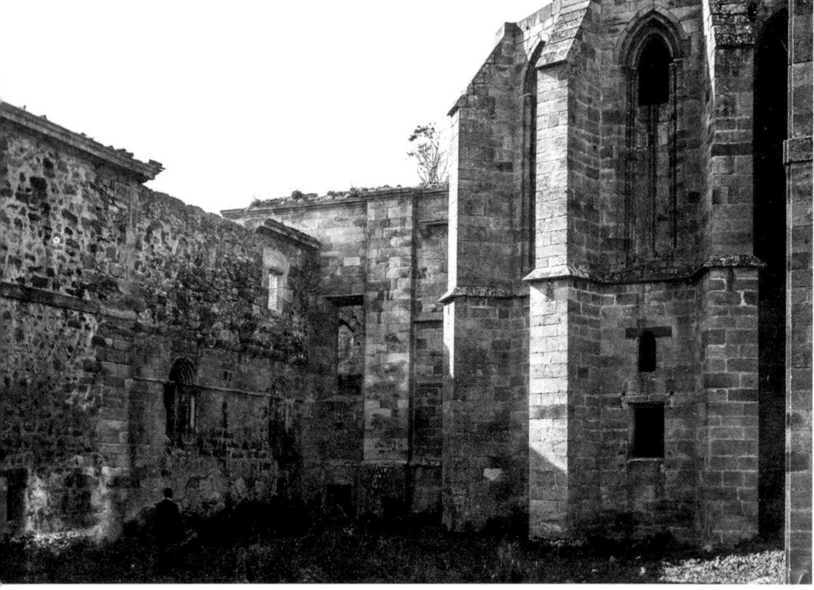

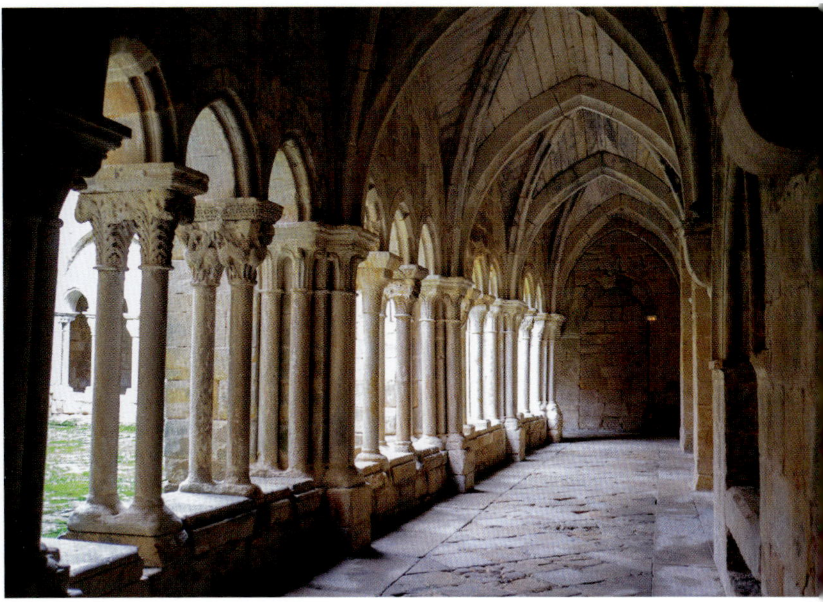

Imagen actual de la galería septentrional del claustro.
Current image of the northern gallery of the cloister.
Image actuelle de la galerie nord du cloître.

Imagen actual de la cabecera de la iglesia desde el patio de manantiales.
Current image of the head of the church from the spring courtyard.
Image actuelle du chevet de l'église depuis la cour des Sources.

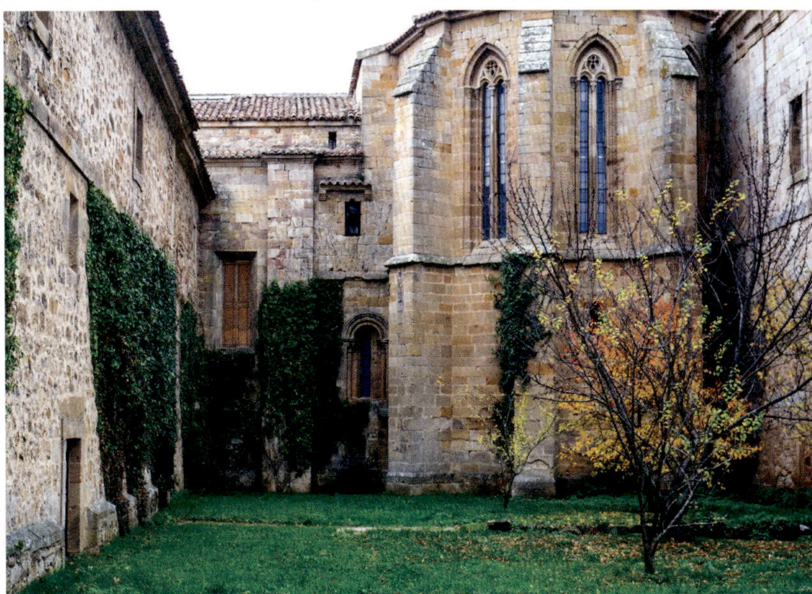

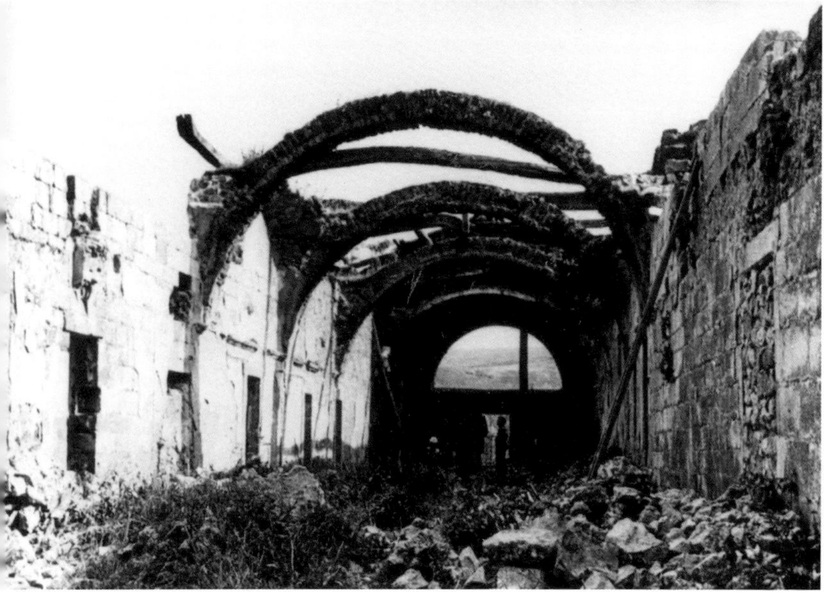

Estado de la Salona en 1964.
State of the Salona in 1964.
État de la Salona (ancien dortoir commun des moines) en 1964.

Aspecto del costado suroriental del claustro a principios del siglo XX.
Detail of the southeast side of the cloister at the beginning of the 20th century.
Aspect du côté sud-est du cloître au début du XXe siècle.

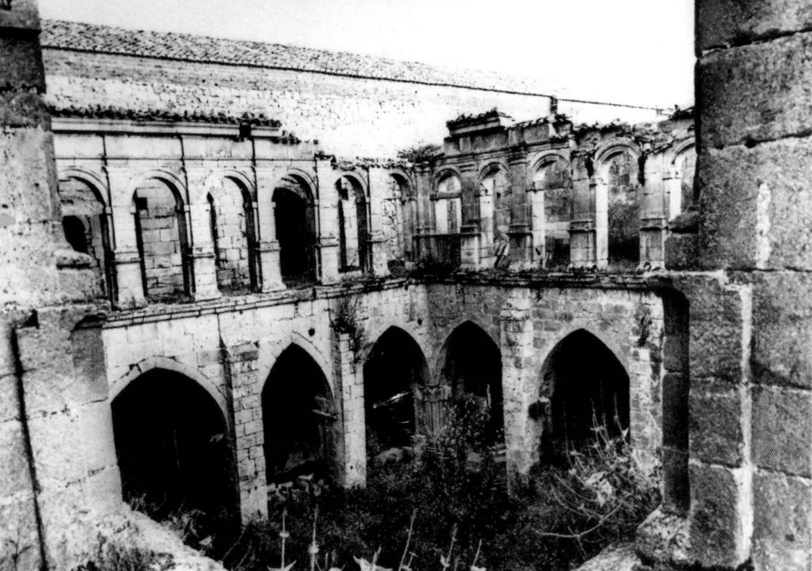

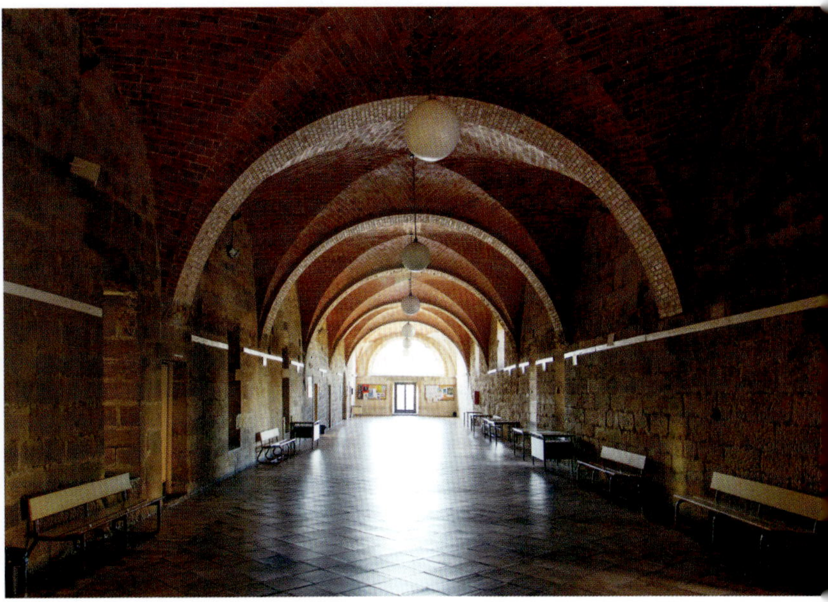

Imagen actual de la Salona.
Current image of the Salona.
Image actuelle de la Salona.

Costado suroriental del claustro en la actualidad.
Southeastern side of the cloister nowadays.
Côté sud-est du cloître actuellement.

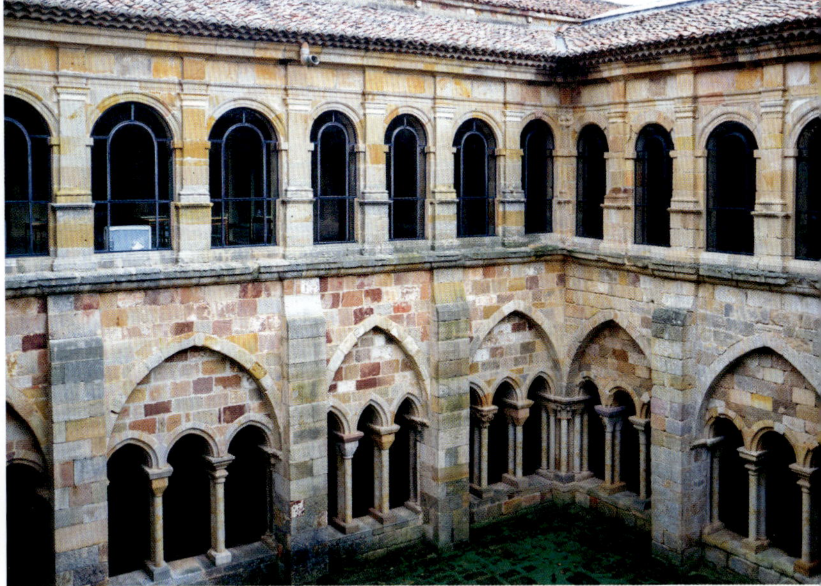

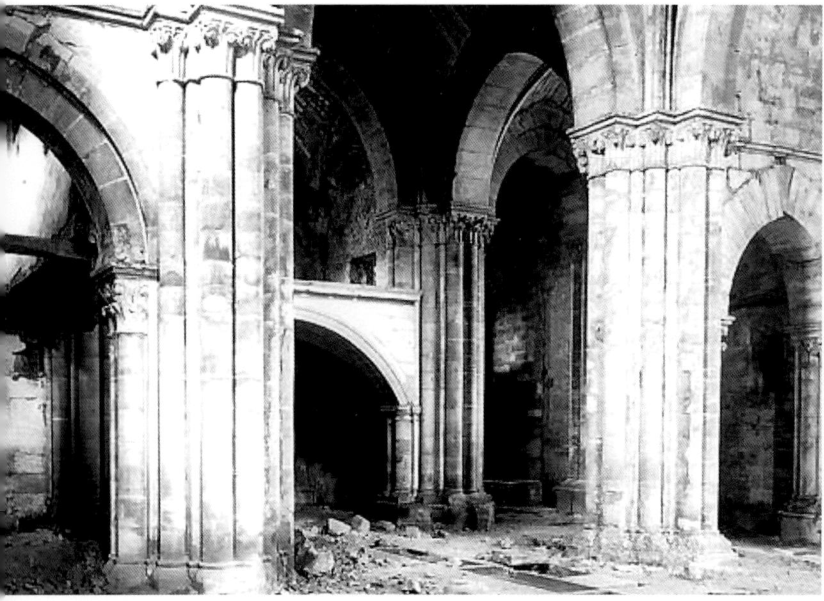

Estado de la iglesia hacia 1900. Autor: Eugene Lefevre Pontelles. Fondo Fotográfico de Arqueología y Patrimonio. Mediateca del Ministerio de Cultura de Francia.
State of the church around 1900. Author: Eugene Lefevre Pontelles. Photographic Collection of Archaeology and Heritage. Media Library of the French Ministry of Culture.
État de l'église vers 1900. Photo d'Eugène Lefèvre Pontelles. Fonds Photographique d'Archéologie et Patrimoine. Mediathèque du Ministère de la Culture de France.

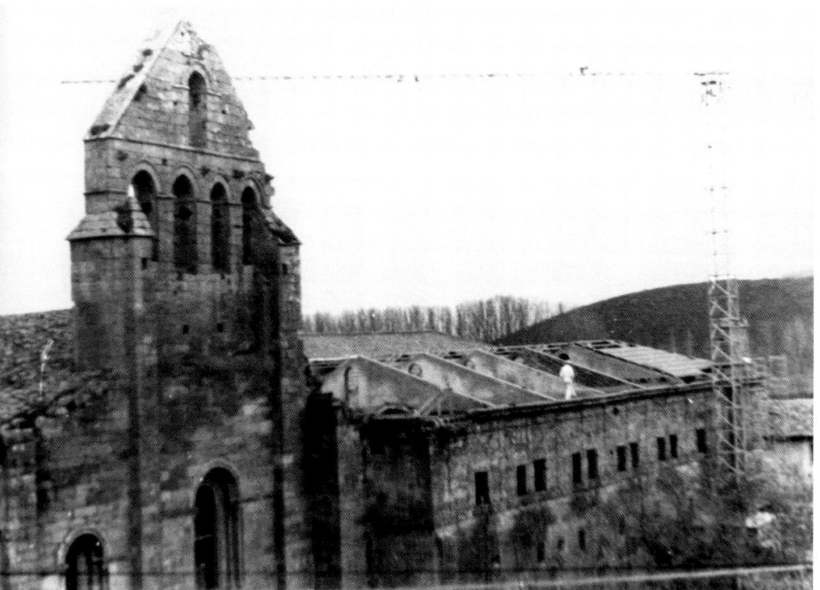

Inicio de las obras de restauración del monasterio. Año 1978.
Beginning of the restoration works of the monastery. Year 1978.
Début des travaux de restauration du monastère en 1978.

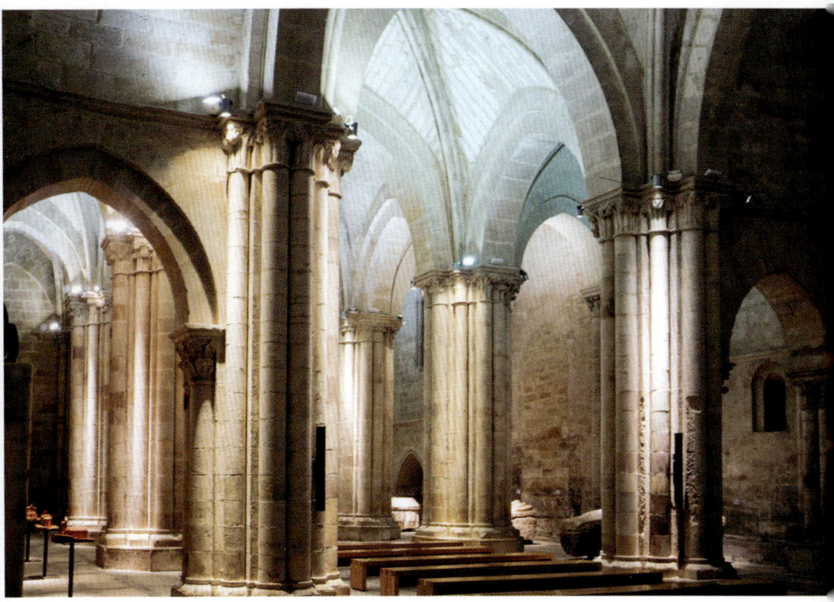

Imagen actual de las naves de la iglesia.
Current image of the church naves.
Image actuelle des nefs de l'église.

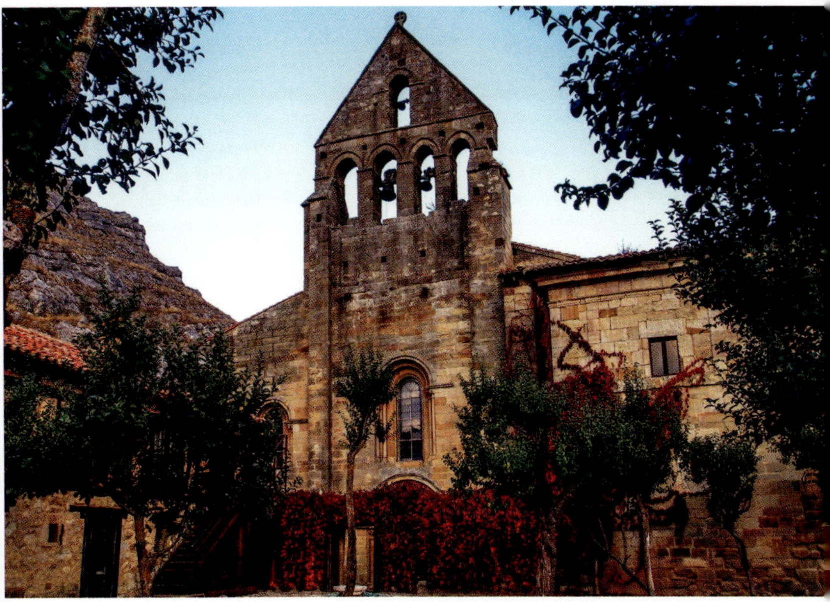

Fachada occidental del monasterio en la actualidad.
Western façade of the monastery nowadays.
Façade ouest du monastère aujourd'hui.

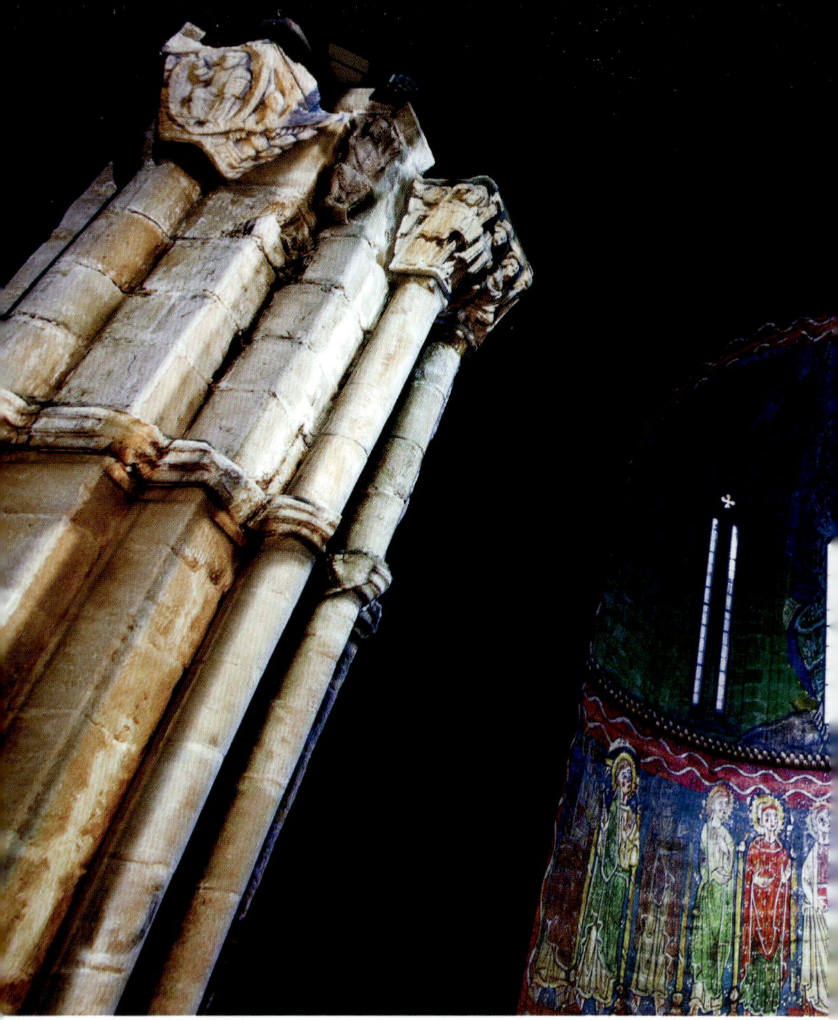

CENTRO EXPOSITIVO ROM

En el espíritu de la Asociación de Amigos del Monasterio siempre estuvo alcanzar el viejo ideal de servir como motor cultural territorial. En paralelo a las obras de restauración, se organizaban espectáculos de teatro, recitales de poesía, conciertos, visitas guiadas a la abadía y a las iglesias románicas del entorno. En el año 1996 se inauguró un primer Museo del Territorio y del Románico, dotado de diferentes piezas arqueológicas y maquetas de madera de iglesias románicas de la comarca. Diez años después, tras dos años de intenso trabajo y conforme a un nuevo concepto de mostrar el arte románico al gran público, abrió sus puertas el Centro Expositivo ROM - Monasterio de Santa María la Real. Un espacio en constante cambio que busca ser un valor añadido al

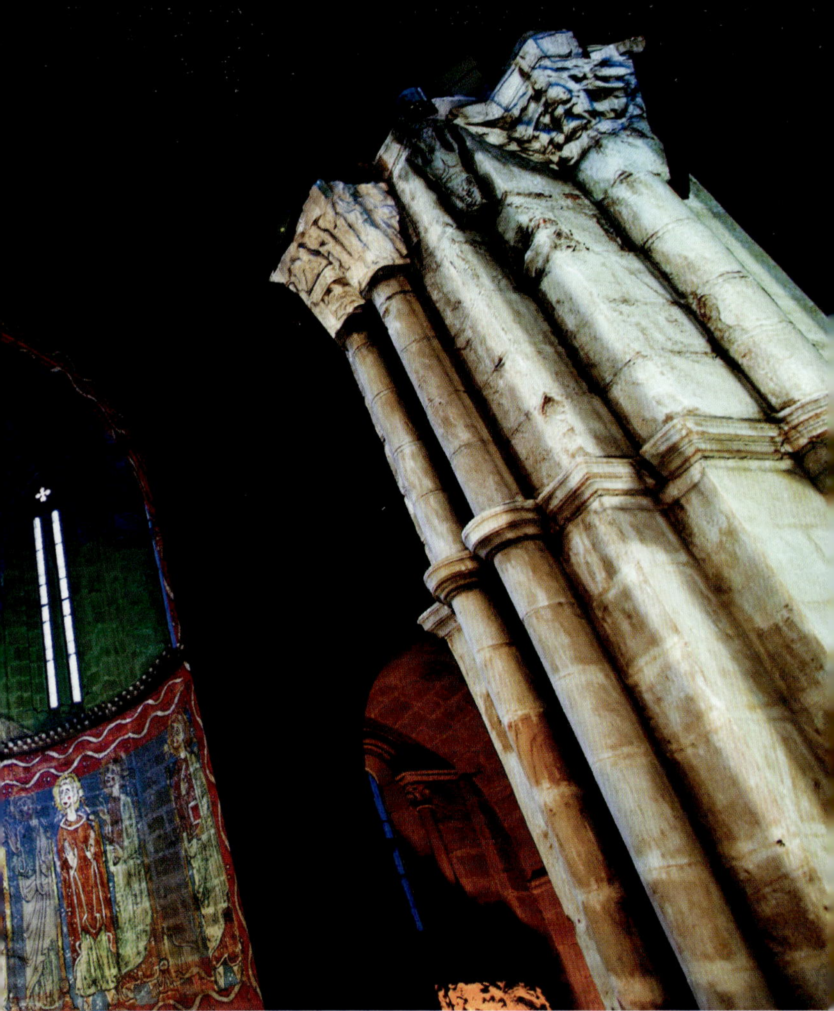

ROMÁNICO Y TERRITORIO

gran recurso de esta comarca como es el románico. Tiene como propósito dar a conocer la época, el estilo de vida medieval y qué ha llegado a nuestros días de esa sociedad. El ROM también se constituye como un espacio para proteger, estudiar y divulgar el discurrir histórico del monasterio. Para conseguir estos objetivos, se han diseñado diferentes modalidades de visitas adaptadas a todo tipo de públicos, permitiendo a los visitantes disfrutar de un monumento histórico-artístico excepcional. Además, para mejorar su comprensión, se ha enriquecido con diferentes elementos expositivos y soluciones tecnológicas, de modo que quienes recorran la abadía puedan experimentar la premisa de la triple E: Emoción, Entretenimiento y Educación.

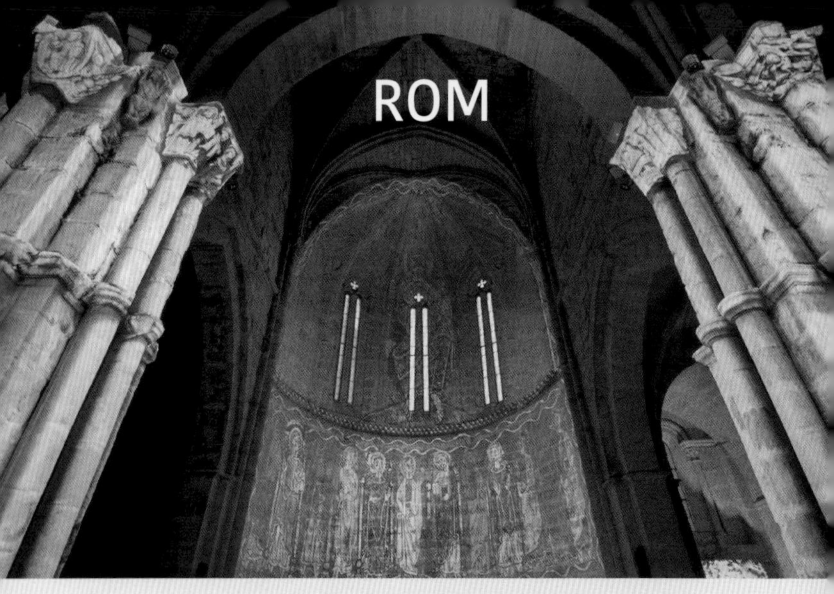

ROMANESQUE AND TERRITORY EXHIBITION CENTRE

The spirit of the Association of Friends of the Monastery has always been to achieve the old ideal of serving as a regional cultural driving force. In parallel to the restoration work, theatre performances, poetry recitals, concerts, guided tours of the abbey and the Romanesque churches in the surrounding area were organised. In 1996, the first Museum of the Territory and the Romanesque was inaugurated, with various archaeological pieces and wooden models of Romanesque churches in the region. Ten years later, after two years of intense work and in accordance with a new concept of showing Romanesque art to the general public, the ROM - Monastery of Santa María la Real Exhibition Centre opened its doors. A space in constant change that seeks to be an added value to the great resource of this region such as the Romanesque. Its purpose is to show the period, the medieval way of life and what has come down to us today from that society. The ROM is also a space to protect, study and disseminate the monastery's history. To achieve these objectives, different types of visits, adapted to all kinds of audiences, have been designed, allowing visitors to enjoy an exceptional historical-artistic monument. Furthermore, to improve its understanding, it has been enriched with different exhibition elements and technological solutions, so that those who visit the abbey can experience the premise of the triple E: Emotion, Entertainment and Education.

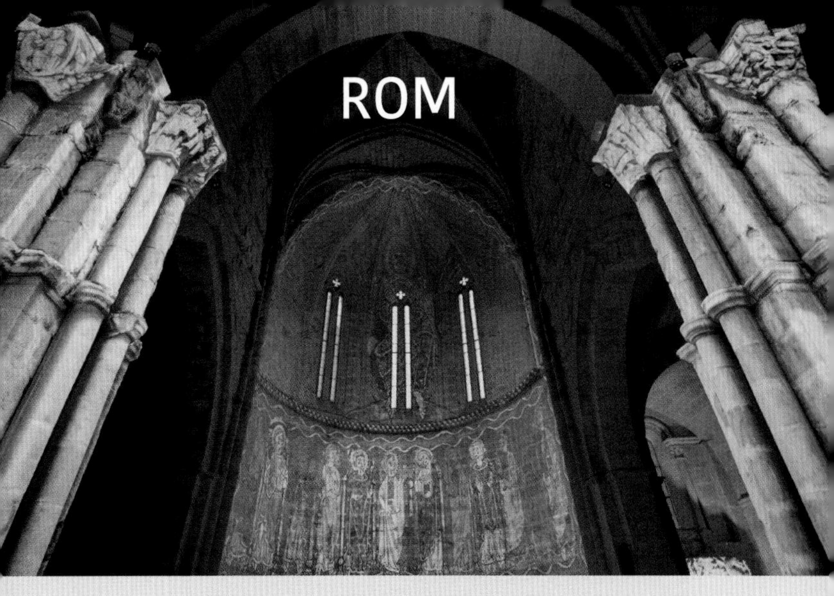

CENTRE D'EXPOSITIONS ART ROMAN ET TERRITOIRE

L'idée d'atteindre le vieil idéal de servir comme moteur culturel du territoire était toujours dans l'esprit de l'Association des Amis du Monastère. Parallèlement aux travaux de restauration, des spectacles de théâtre, des récitals de poésie, des concerts et des visites guidées de l'abbaye et des églises romanes des alentours étaient organisés. En 1996 un premier Musée du Territoire et de l'Art Roman fut inauguré, doté de différentes pièces archéologiques et de maquettes en bois d'églises romanes de la région. Dix ans plus tard, après deux années de travail intense et selon un nouveau concept de montrer l'art roman au grand public, c'est l'actuel Centre des Expositions ROM-Monastère de Santa María la Real qui ouvrit ses portes. Il s'agit d'un espace en constante évolution et qui cherche à apporter une valeur ajoutée à la grande ressource de cette région qu'est l'art roman. Son objectif est de faire connaître l'époque, le style de vie médiévale et ce qui nous est parvenu de cette société-là. Le ROM constitue un espace pour protéger, étudier et divulguer le parcours historique du monastère. Pour atteindre ces objectifs nous avons conçu différentes modalités de visite adaptées aux différents publics, permettant aux visiteurs de profiter d'un monument exceptionnel du point de vue historique et artistique. En plus, afin d'améliorer sa compréhension, on l'a enrichi avec différents éléments d'exposition et des solutions technologiques, de sorte que les visiteurs qui parcourent l'abbaye puissent ressentir des émotions liées au divertissement et à l'éducation.

LAS DEPENDENCIAS MONACALES

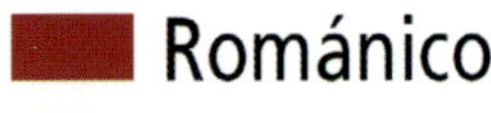

Románico
Gótico
Siglos XVI - XVIII

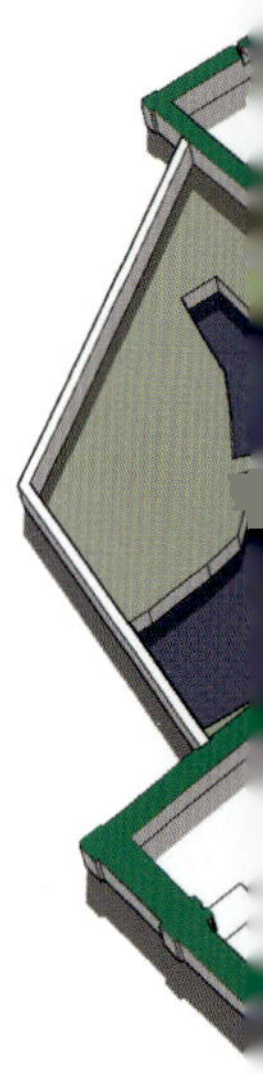

1 - Iglesia
2 - Capilla del Cristo
3 - Sacristía
4 - Capilla del Abad
5 - Claustro (claustro alto)
6 - Sala Capitular
7 - Locutorio
8 - Sala de monjes
9 - Refectorio
10 - Cocina
11 - Pobrero
12 - Cilla
13 - Ampliaciones modernas

1. Iglesia

La iglesia, que se levanta sobre otra anterior, es un templo de planta basilical con tres naves, resultado de diferentes campañas constructivas. Del edificio del siglo XIII, enmarcado dentro del llamado *románico de transición*, conservamos el testero meridional, o de la epístola, crucero y naves. Por su parte, el ábside central es resultado de una reforma acontecida en el último tercio del siglo XIII y la llamada *capilla del Cristo* fue edificada en el siglo XVII. El acceso de la comunidad al templo se realizaba

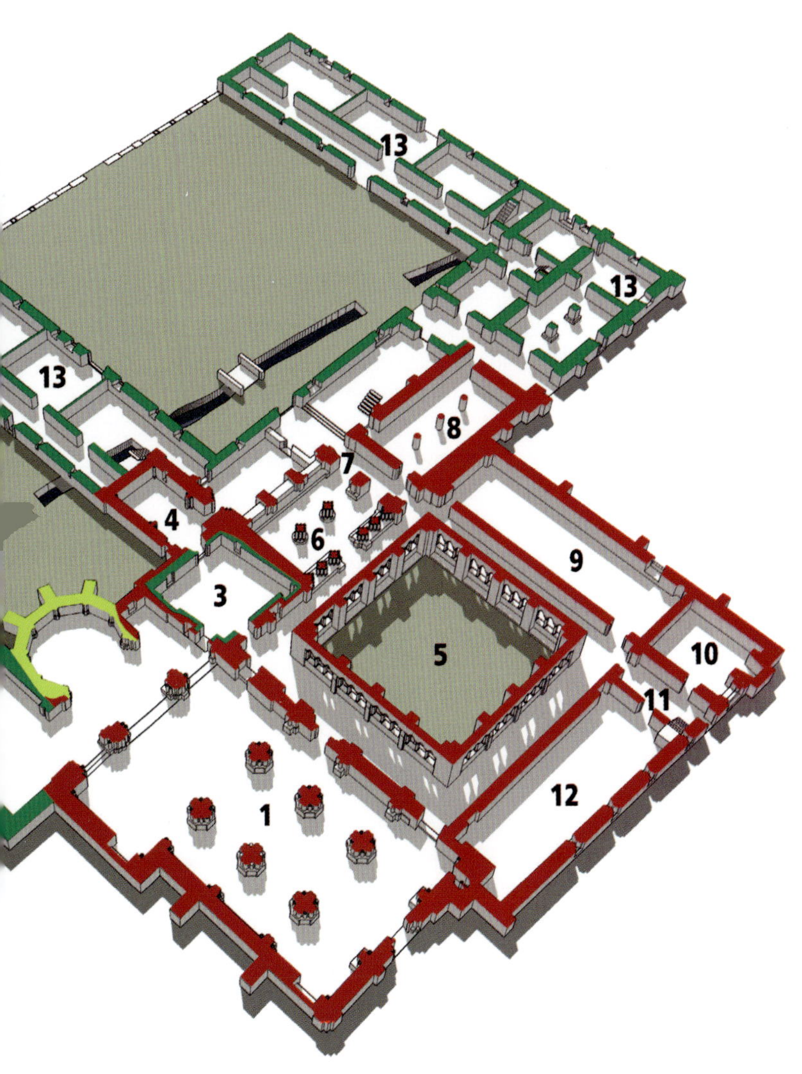

por las puertas laterales que comunican con el claustro, mientras que los fieles accedían por la puerta situada a los pies. Sobre la fachada se levanta la imponente espadaña, que albergaba las campanas y que se ha convertido en un símbolo distintivo del monasterio. La iglesia contó con un coro que fue desmontado en la década de 1960 y con una gran cantidad de sepulcros, pertenecientes a familias nobles vinculadas con el monasterio, de los cuales se conserva una pequeña muestra.

2. Capilla del Cristo

Esta capilla, de planta rectangular, se levanta en 1650 sobre el anterior ábside del evangelio, con el objetivo de albergar la figura de un Cristo Yacente milagrarero, que a día de hoy se encuentra en la iglesia de San Miguel de Aguilar.

3. Sacristía

A la sacristía se puede acceder bien por la iglesia, desde el claustro o por la capilla del Abad. Actualmente alberga la parte expositiva del monasterio, compuesta por maquetas de diferentes iglesias del territorio, paneles informativos, piezas escultóricas y por la reproducción de cómo sería una aldea en tiempos del románico. El espacio fue una ampliación del siglo XVII utilizado para revestirse los oficiantes y guardar los utensilios, ornamentos y demás objetos de culto.

4. Capilla del Abad

En origen recibía el nombre de capilla de Santa María Magdalena y su función era funeraria, se utilizaba para preparar el cuerpo del monje una vez que había muerto e iniciar la procesión al camposanto, para posteriormente enterrarlo. A día de hoy se conserva una inscripción, en estado de deterioro, que se relaciona con algún aspecto funerario. Con la ampliación de la sacristía en el siglo XVII, pasó a convertirse en la capilla privada del abad. Hoy día es el punto de información y venta de artículos.

5. Claustro bajo y alto

El claustro, lugar dedicado a la oración, lectura y meditación, constituye el espacio central de cualquier monasterio. En torno a él se despliegan el resto de dependencias y permite el acceso a la sala capitular, refectorio, e incluso al *armarium*. Se data en las primeras décadas del siglo XIII, reutilizándose capiteles de un claustro anterior. En origen se cubría con una techumbre de madera que fue sustituida por bóvedas de crucería en piedra en el siglo XIII. La mayor parte de los capiteles originales fueron arrancados en el siglo XIX y se custodian en el Museo Arqueológico Nacional en Madrid, conservándose in situ alguna muestra vegetal y figurada que deja patente el buen hacer de los escultores que trabajaron en Santa

María la Real. Al lado de las puertas que comunican el claustro con la iglesia, todavía se puede ver un arcosolio con los restos de un sarcófago perteneciente a una mujer de nombre Sancha. Por su parte, el claustro alto, de estilo clasicista, fue añadido a principios del siglo XVII, para albergar las celdas individuales de los monjes. A día de hoy es donde se encuentran parte de las aulas del instituto.

6. Sala capitular

La sala capitular fue rehecha, tal y como queda recogido en una de las columnas (actualmente en el MAN) donde figura la fecha de 1209 y el nombre de Domenicus, como artífice de la renovación. Era el espacio de reunión de la comunidad, donde los monjes eran llamados a *capítulo*, aquí también se trataban asuntos de interés y se elegía al abad, pero, además, servía de lugar de enterramiento para los abades y nobles vinculados con el cenobio. Su escasa altura es debida a la existencia del dormitorio común de los monjes en la parte superior. Con el paso del tiempo fue sufriendo diversas modificaciones, como la apertura de las ventanas y de los accesos laterales, que comunican con el locutorio, que datan del siglo XVIII.

7. Locutorio

Este pasillo de cubierta abovedada era el punto donde los monjes recogían las herramientas que utilizaban en su trabajo diario. Las huertas se ubicaban en la parte sur y oeste del monasterio.

8. Sala de monjes

Desde el locutorio se accedía a la sala de monjes, aquí se realizaban trabajos manuales como por ejemplo labores de carpintería, también era el lugar donde se estaba permitido hablar, el llamado *parlatorum*. Se trata de una sala de planta rectangular con bóvedas de crucería que apoyan sobre ménsulas y capiteles. El suelo original de la sala de monjes formaba un mosaico de canto rodado.

9. Refectorio

El refectorio se encuentra situado en la parte sur del edificio. De planta rectangular, en origen se cubría con una cubierta de madera y un tejado a dos aguas. Hoy presenta una techumbre de hormigón elaborada en la restauración acometida a finales de los años setenta. La única decoración de la sala la encontramos en el muro oriental, donde se puede observar una triple arquería ciega decorada con capiteles vegetales; es en este punto donde se disponía la mesa, en la cual se situaba el abad. Antes de pasar al refectorio los monjes se lavaban las manos, entraban en silencio, rezaban en voz alta antes de tomar asiento y mientras comían escuchaban las lecturas.

10. Cocina

La cocina se ubica entre la cilla y el refectorio. El espacio actual es fruto de una ampliación de la cocina medieval. La puerta de entrada original se cegó y se abrieron tres, dos de ellas dan acceso al refectorio y otra al pobrero. Entre las transformaciones que sufre el espacio, está la sustitución del antiguo hogar circular, que utilizaban los monjes en la Edad Media, por una imponente chimenea del siglo XVI; a su vez, se eleva el suelo erigiendo una pila para acumular agua y unas escaleras que permitían acceder al arroyo.

11. Pobrero

El pobrero también recibía el nombre de locutorio del cillero, pues el pasillo que hacía las veces de portería, también comunicaba con la cilla y es por donde accedían los pobres en busca de alimento.

12. Cilla

Este espacio situado en la panda oeste del monasterio servía como almacén y granero. A su cuidado se encontraba el hermano cillero, encargado de contabilizar todas las mercancías que salían y entraban del monasterio. La cilla ha sido reformada a lo largo de los siglos, aunque las excavaciones arqueológicas sitúan sus orígenes en el siglo XI.

13. Ampliaciones modernas

Estas dependencias son fruto de una ampliación acontecida en el siglo XVIII, con el fin de ganar espacio para almacenes, oficinas, cuadras y paneras. Estas construcciones modificaron el aspecto original del monasterio medieval, que pasará a quedar oculto por la edificación de estos nuevos espacios.

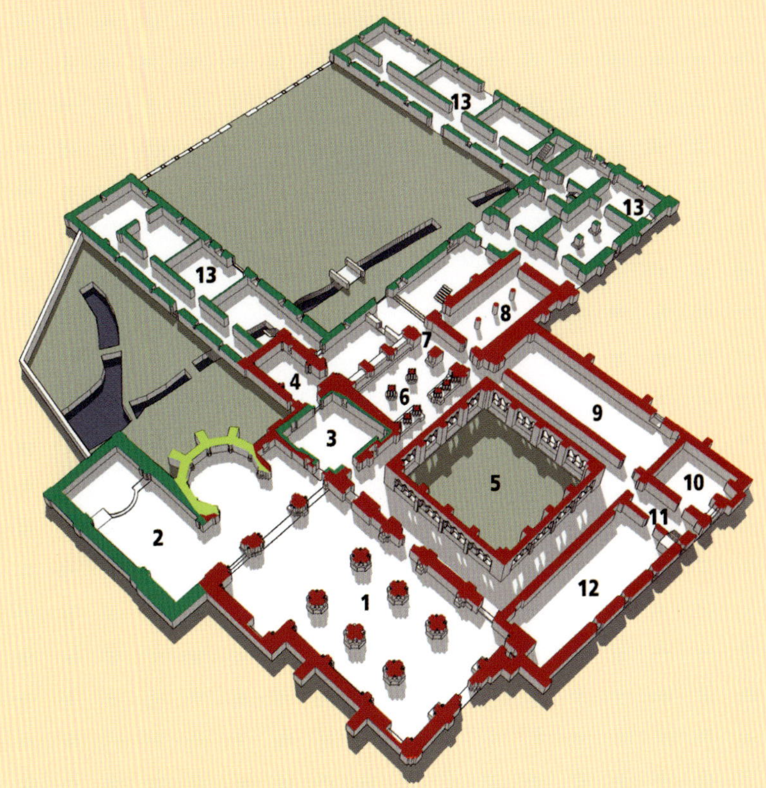

THE MONASTIC PREMISES

1. Church

The church, which was built on top of an earlier one, has a basilica floor plan with three naves, the result of different construction campaigns. From the 12th - 13th centuries building, framed within the so-called *transitional Romanesque* style, we have preserved the southern headwall, or epistle, transept and naves. The central apse is the result of a reform that took place in the last third of the 13th century and the so-called *Chapel of Christ* was built in the 17th century. Community access to the church was through the side doors leading to the cloister, while the faithful entered through the door at the foot of the church. Above the façade rises the imposing belfry, which housed the bells and has become a distinctive symbol of the monastery. The church had a choir that was dismantled in the 1960s and a large number of tombs belonging to noble families linked to the monastery, of which a small sample has been preserved.

2. Chapel of Christ

This rectangular chapel was built in 1650 over the former apse of the gospel, with the aim of housing the figure of a miraculous Recumbent Christ, which today is in the church of San Miguel de Aguilar.

3. Sacristy

The sacristy can be accessed either from the church, from the cloister or from the Abbot's chapel. It currently houses the exhibition part of the monastery, made up of models of different churches in the area, information panels, sculptures and a reproduction of what a village would have looked like in Romanesque times. The space was a 17th century extension used to clothe the monks and store utensils, ornaments and other objects of worship.

4. Abbot's Chapel

It was originally called the Chapel of Santa María Magdalena and its function was funerary, it was used to prepare the body of the monk once he had died and to start the procession to the cemetery, to later bury him. To this day, an inscription has been preserved, in a state of deterioration, which is related to some funerary aspect. With the extension of the sacristy in the 17th century, it became the abbot's private chapel. Today it is a point of information and sale of merchandise.

5. Lower and upper cloisters

The cloister, a place dedicated to prayer, reading and meditation, is the central space of any monastery. The rest of the rooms are arranged around it and it provides access to the chapter house, the refectory and even the *armarium*. It dates from the first decades of the 13th century, reusing capitals from an earlier cloister. It was originally covered with a wooden ceiling that was replaced by ribbed vaults in the 13th century. Most of the original capitals were removed in the 19th century and are kept in the National Archaeological Museum in Madrid, although some vegetal and figurative examples are preserved *in situ*, showing the skill of the sculptors who worked in Santa María la Real. Next to the doors that connect the cloister with the church, you can still see an arcosolium with the remains of a sarcophagus belonging to a woman named Sancha. The upper cloister, in Renaissance style, was added at the beginning of the 17th century to house the monks' individual cells. Today it is where part of the institute's classrooms are located.

6. Chapter House

The chapter house was rebuilt, as can be seen on one of the columns (now in the MAN), which bears the date 1209 and the name of Domenicus, as the architect of the renovation. It was the meeting place for the community, where the monks were called to *chapter*, where matters of interest were discussed and the abbot was elected, but it also served as a burial place for the abbots and nobles linked to the monastery. Its low height is due to the existence of the monks' dormitory at the top. Over time it has undergone various modifications, such as the opening of the windows and the side entrances, which communicate with the locutory, dating from the 18th century.

7. Locutory

This vaulted corridor was the place where the monks collected the tools they used in their daily work. The vegetable gardens were located in the southern and western parts of the monastery.

8. Monks' Hall

The monks' room was accessed from the locutory, where manual work was carried out, such as carpentry work, and it was also the place where people were allowed to talk, the so-called *parlatorum*. It is a rectangular room with ribbed vaults resting on corbels and capitals. The original floor of the monks' hall was a pebble mosaic.

9. Refectory

The refectory is located in the southern part of the building. With a rectangular floor plan, it was covered with a gable roof, which was replaced by a concrete one during the restoration of the monastery at the end of the 1970s. The only decoration in the room is to be found on the eastern wall, where a triple blind arch decorated with vegetal capitals can be seen; it was at this point that the table, at which the abbot sat, was placed. Before going to the refectory, the monks washed their hands, entered in silence, prayed aloud before taking their seats and listened to the readings while they ate.

10. Kitchen

The kitchen is located between the warehouse or Cilla and the refectory. The current space is the result of an extension of the medieval kitchen. The original entrance door was closed off and three doors were opened, two of which give access to the refectory and the other to the storeroom. Among the transformations that the space underwent was the replacement of the old circular hearth, used by the monks in the Middle Ages, with an imposing 16th century fireplace; at the same time, the floor was raised in order to cover the stairs that allowed access to the stream to fetch water and replace it with a basin.

11. Almoner´s hall

The almoner´s hall was also known as the cellarer´s locutory, as the corridor that served as a porter's lodge also communicated with the warehouse and is where the poor went in search of food.

12. Warehouse (*Cilla*)

This space located on the west side of the monastery served as a storehouse and granary. It was in the care of the brother cillero, who was in charge of counting all the goods that left and entered the monastery. The cilla has been altered over the centuries, although archaeological excavations date its origins to the 11th century.

13. Modern extensions

These outbuildings are the result of an enlargement that took place in the 18th century, in order to gain space for storerooms, offices, stables and bakeries. These constructions modified the original appearance of the medieval monastery, which will be hidden by the construction of these new spaces.

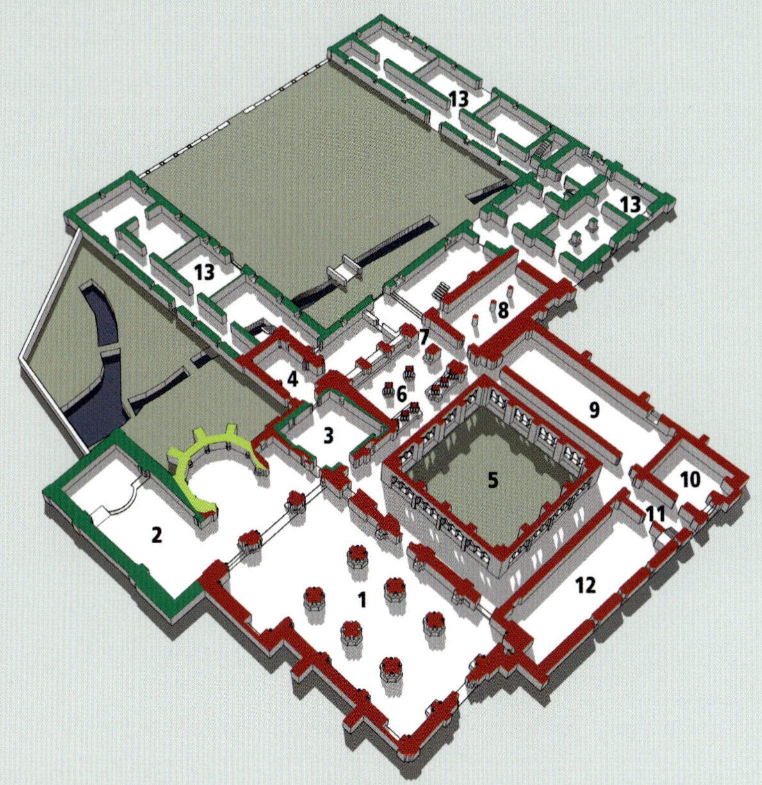

LES DÉPENDANCES MONACALES

1. Église

L'église, elle-même érigée sur une ancienne église, est un temple de plan basilical à trois nefs, résultat de différentes étapes de construction. De l'édifice du XIIIe siècle, situé dans le *roman de transition*, nous est parvenu l'abside méridionale, le transept et les nefs. L'abside centrale est le résultat d'une rénovation de la fin du XIIIe siècle et la *Chapelle du Christ* fut construite au XVIIe siècle. L'accès de la communauté au temple se réalisait à travers les portes latérales qui communiquent avec le cloître, tandis que les fidèles y accédaient par la porte de la façade. Sur cette façade se dresse un imposant clocher-mur, qui abritait les cloches et qui est devenu un symbole distinctif du monastère. L'église avait un chœur démonté dans les années 1960 et une grande quantité de tombes appartenant aux familles nobles associées au monastère, dont on ne conserve qu'une petite partie.

2. Chapelle du Christ

Cette chapelle, de plan rectangulaire, fut construite en 1650 sur l'ancienne abside de l'évangile, pour y abriter la figure d'un Christ Gisant faiseur de miracles, qui se trouve aujourd'hui dans l'église de San Miguel d'Aguilar.

3. Sacristie

On peut accéder à la sacristie soit par l'église, depuis le cloître ou par la Chapelle de l'Abbé. Elle abrite actuellement la zone d'exposition du monastère, composée de maquettes de différentes églises de la région, de panneaux d'information, de pièces de sculpture et de la reproduction d'un hameau au temps de l'art roman. Cet espace est un agrandissement du XVIIe siècle utilisé par les moines pour se vêtir pour la liturgie et y ranger les ustensiles, ornements et autres objets du culte.

4. Chapelle de l'Abbé

À l'origine elle se nommait Chapelle de Santa María Magdalena et avait une fonction funéraire ; on y préparait les corps des moines décédés pour commencer la procession vers le cimetière, où ils étaient enterrés. Dans cette chapelle il existe encore une inscription assez abîmée qui parle de certains aspects funéraires. Lors de l'agrandissement de la sacristie au XVIIe siècle, elle devint la chapelle privée de l'abbé. Aujourd'hui on y trouve l'accueil et la boutique du musée.

5. Cloîtres inférieur et supérieur

Le cloître, lieu consacré à la prière, la lecture et la méditation, constitue l'espace central de tout monastère. Autour de cet espace se déploient toutes les autres dépendances et il permet l'accès à la salle capitulaire, le réfectoire et même l'*armarium*. Ce cloître date des premières décennies du XIIIe siècle, réutilisant des chapiteaux d'un autre cloître. À l'origine il était couvert d'une toiture en bois, remplacée par des voûtes de croisée d'ogives en pierre au XIIIe siècle. La plupart des chapiteaux originaux ont été arrachés au XIXe siècle et sont gardés au Musée National d'Archéologie (MAN) de Madrid. Il ne reste *in situ* que quelques exemples de décoration végétale et figurative qui témoignent du savoir-faire des sculpteurs qui travaillèrent à Santa María la Real. À côté des portes qui relient le cloître avec l'église, on peut encore voir un arcosolium avec les restes d'un sarcophage appartenant à une femme nommée Sancha. Quant au cloître supérieur, de style Renaissance, il a été ajouté au début du XVIIe siècle pour abriter les cellules individuelles des moines. C'est là que se trouve une partie des salles de l'actuel lycée.

6. Salle capitulaire

La salle capitulaire fut refaite, car le nom Domenicus, auteur de la rénovation, et la date 1209 apparaissent sur une des colonnes qui se trouvent actuellement dans le Musée National d'Archéologie. C'était le lieu de réunion de la communauté, où les moines étaient appelés au chapitre ; on y discutait aussi des sujets importants et on y élisait le nouvel abbé et, en plus, elle servait de lieu d'enterrement pour les abbés et les nobles associés au monastère. Sa petite hauteur est due à l'existence du dortoir commun des moines à l'étage. Avec le temps elle a subi plusieurs modifications, comme l'ouverture des fenêtres et des accès latéraux communicant avec le parloir, qui datent du XVIIIe siècle.

7. Parloir

Ce couloir à plafond voûtée était le lieu où les moines prenaient les outils qu'ils utilisaient pour leurs travaux quotidiens. Les jardins potagers se trouvaient dans les parties sud et ouest du monastère.

8. Salle des moines

Depuis le parloir on accédait à la salle des moines, où on réalisait des travaux manuels tels que la menuiserie. C'était aussi un endroit où il était permis de parler (*parlatorum*). Il s'agit d'une salle à plan rectangulaire avec des voûtes de croisée d'ogives qui s'appuient sur des consoles et des chapiteaux. Le sol original de la salle des moines formait une mosaïque de galets.

9. Réfectoire

Le réfectoire se trouve dans la partie sud de l'édifice. De plan rectangulaire, il était couvert d'une toiture à double versant, remplacée par une autre en béton lors de la restauration du monastère à la fin des années 1970. La seule décoration de la salle se trouve sur le mur oriental, où on peut observer une triple arcature aveugle décorée avec des chapiteaux végétaux ; c'est l'endroit où on plaçait la table où s'asseyait l'abbé. Avant de passer au réfectoire, les moines se lavaient les mains, entraient en silence, priaient à haute voix avant de s'asseoir et écoutaient les lectures tandis qu'ils mangeaient.

10. Cuisine

La cuisine se trouve entre le cellier et le réfectoire. L'espace actuel est le résultat d'un agrandissement de la cuisine médiévale. La porte d'entrée originale fut condamnée et on en ouvrit trois nouvelles ; deux d'entre elles donnent accès au réfectoire et la troisième au « pobrero ». Parmi les modifications de l'espace on compte le remplacement de l'ancien foyer circulaire que les moines utilisaient au Moyen Âge par une imposante cheminée du XVIe siècle. On éleva aussi le sol afin de condamner les escaliers qui permettaient d'accéder au ruisseau pour prendre de l'eau et les remplacer par un bassin.

11. Pobrero

Le *pobrero* (le mot vient du mot «pobre » : pauvre) se nommait aussi parloir du cellérier, car le couloir utilisé comme conciergerie communiquait aussi avec le cellier, et c'est par là qu'accédaient les pauvres en quête d'aliments.

12. Cellier

Cet espace situé dans la galerie ouest du monastère servait de lieu de stockage et de grenier. Son responsable était le frère cellérier, chargé de comptabiliser toutes les marchandises qui entraient et sortaient du monastère. Le cellier a été rénové à travers les siècles, bien que les fouilles archéologiques situent ses origines au XIe siècle.

13. Agrandissements modernes

Ces dépendances sont le résultat d'un agrandissement mené au XVIIIe siècle, afin de gagner de l'espace pour l'entrepôt, les bureaux, les écuries et les greniers. Ces constructions ont modifié l'aspect original du monastère médiéval, qui sera caché après la construction de ces nouveaux espaces.

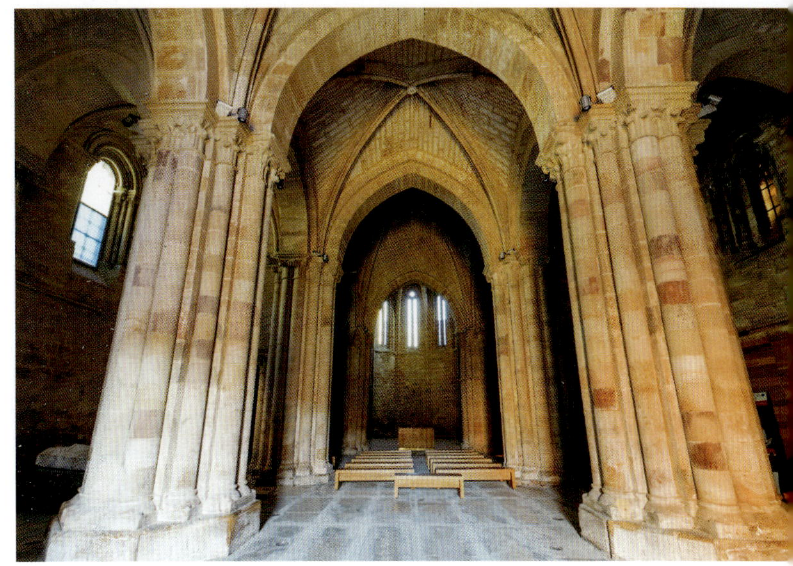

Interior de la iglesia.
Interior of the church.
Intérieur de l'église.

Panorámica de las naves de la iglesia. Se observan los sepulcros góticos de algunos miembros de las principales familias benefactoras del monasterio (Villalobos, Castañeda, Figueroa, etc.).
Panoramic view of the naves of the church. The Gothic tombs of some members of the main benefactor families of the monastery (Villalobos, Castañeda, Figueroa, etc.) can be seen.
Vue panoramique des nefs de l'église. On peut y observer les sépulcres gothiques de certains membres des principales familles mécènes du monastère: Villalobos, Castañeda, Figueroa, etc.

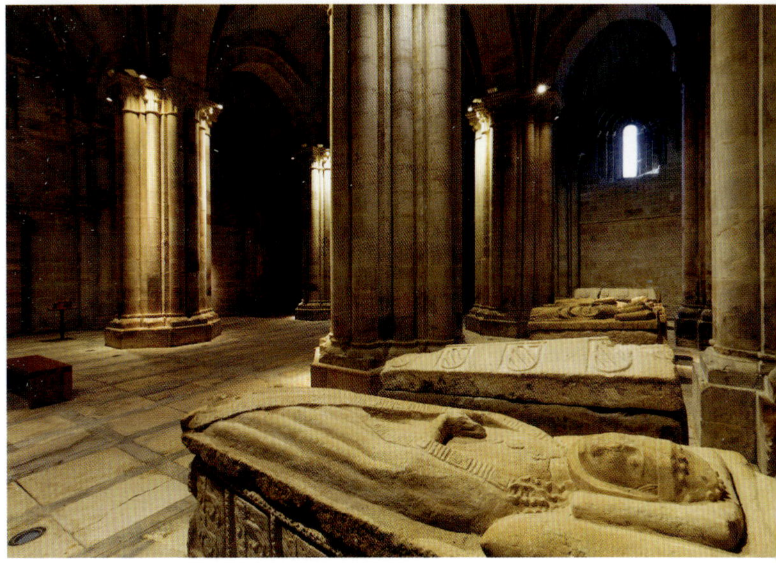

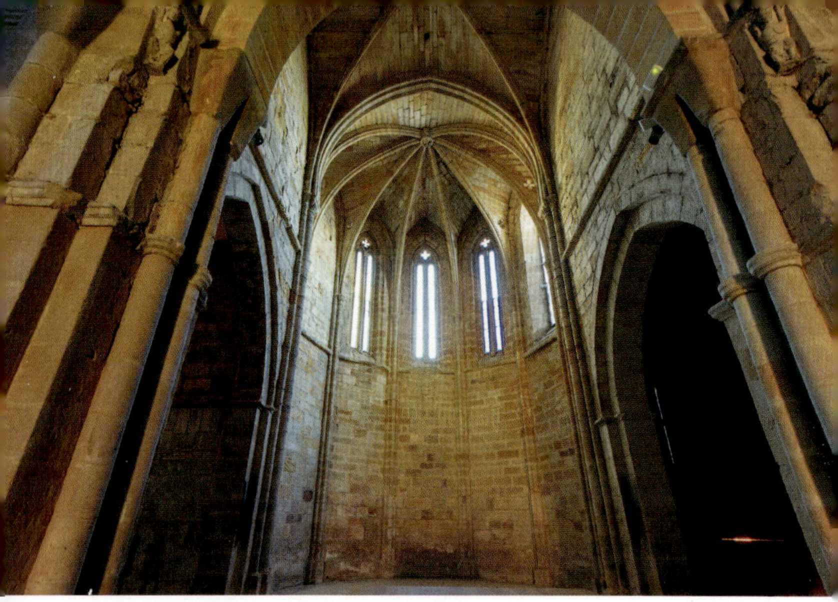

Capilla mayor de la iglesia desde el arco del triunfo.
El ábside central fue reconstruido a finales del siglo XIII.
Main chapel of the church from the triumphal arch.
The central apse was rebuilt at the end of the 13th century.
Chapelle principale de l'église depuis l'arc du triomphe.
L'abside centrale fut reconstruite à la fin du XIIIe siècle.

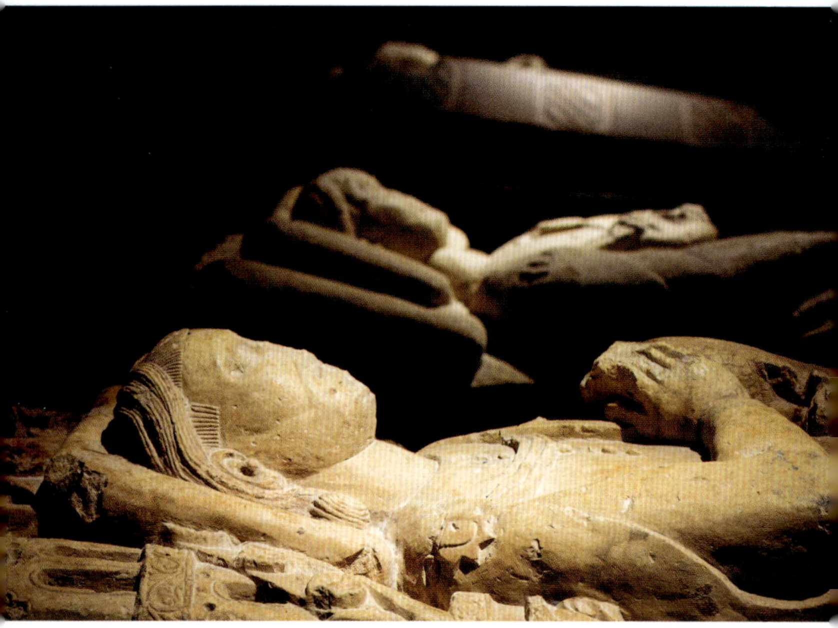

Detalle del sepulcro de Pedro Díaz de Castañeda. Probablemente fue tallado por Antón Pérez de Carrión, que también hizo el de su hermano Nuño († 1293) tal como reza en su epitafio.
Detail of the tomb of Pedro Díaz de Castañeda. It was probably carved by Antón Pérez de Carrión, who also made the tomb of his brother Nuño († 1293) as his epitaph says.
Détail du sépulcre de Pedro Díaz de Castañeda. Il fut probablement taillé par Antón Pérez de Carrión, qui réalisa aussi celui de son frère Nuño (†1293), comme mentionné sur son épitaphe.

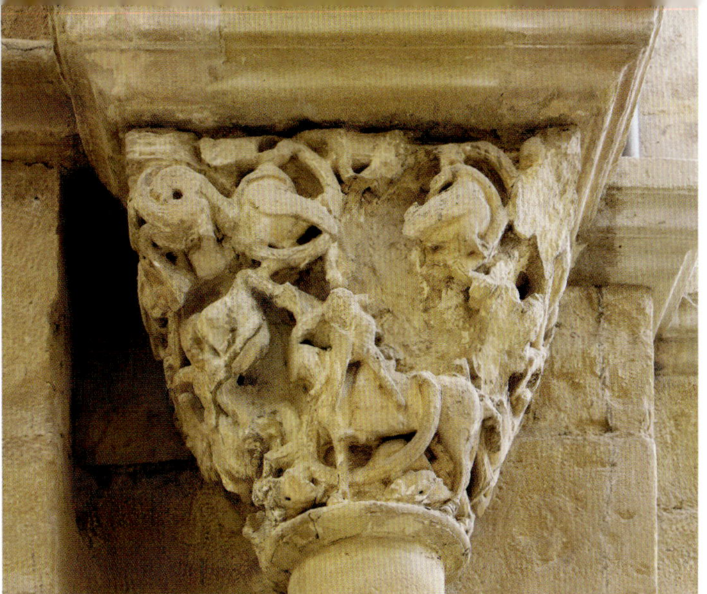

Capitel conservado en el lado derecho de la capilla septentrional. Se decora con un caballero combatiendo contra dragones y pequeñas aves acompañadas de molinillos vegetales en la parte superior.
Capital preserved on the right side of the northern chapel. It is decorated with a knight fighting dragons and small birds accompanied by vegetal spirals in the upper part.
Chapiteau conservé sur le côté droit de la chapelle nord. Il est orné d'un chevalier combattant contre des dragons, et de petits oiseaux accompagnés de spirales végétales dans la partie supérieure.

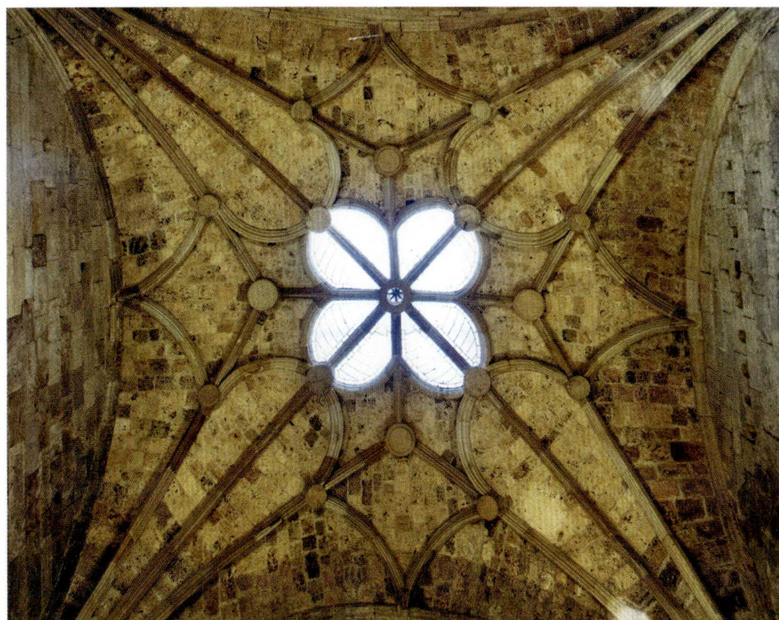

Bóveda de la sacristía. Está fechada en el año 1699, aunque fue reconstruida durante la restauración de los años 80.
Vault of the sacristy. It dates from 1699, although it was rebuilt during the restoration of the 1980s.
Voûte de la sacristie. Elle date de 1699, mais elle fut reconstruite lors de la restauration des années 80.

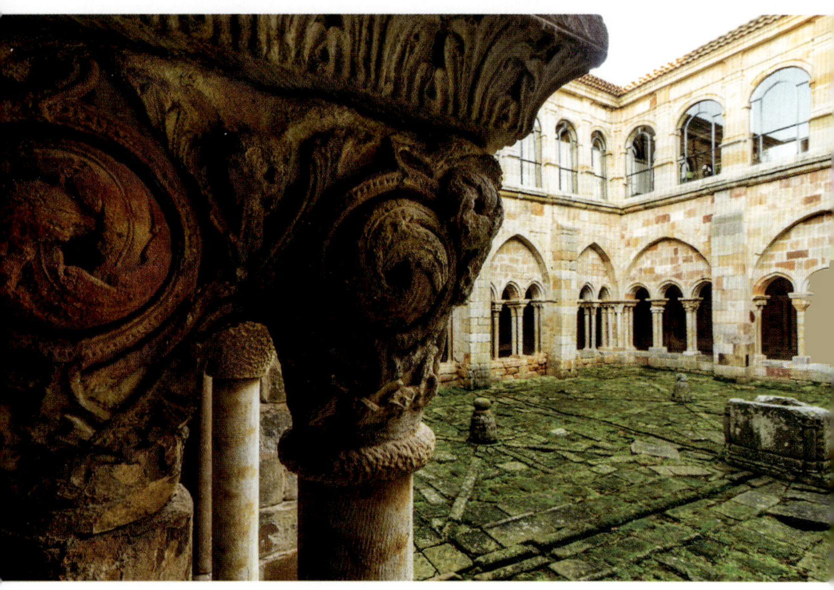

Capitel tardorrománico de la galería occidental del claustro. Está decorado con hojas de acanto helicoidales.
Late Romanesque capital of the western gallery of the cloister. It is decorated with helicoidal acanthus leaves.
Chapiteau du roman tardif de la galerie ouest du cloître. Il est orné de feuilles d'acanthe hélicoïdales.

Capiteles tardorrománicos de la galería septentrional del claustro.
Late Romanesque capitals in the northern gallery of the cloister.
Chapiteaux du roman tardif de la galerie nord du cloître.

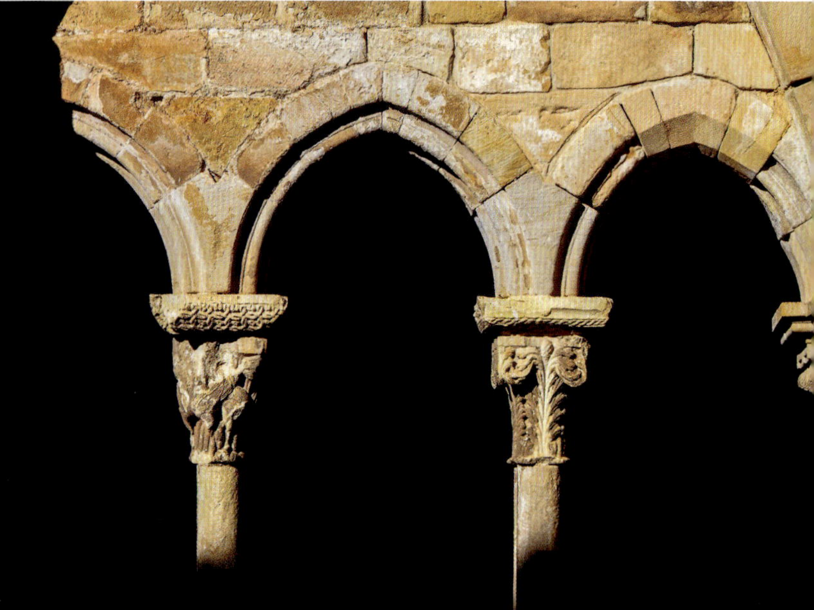

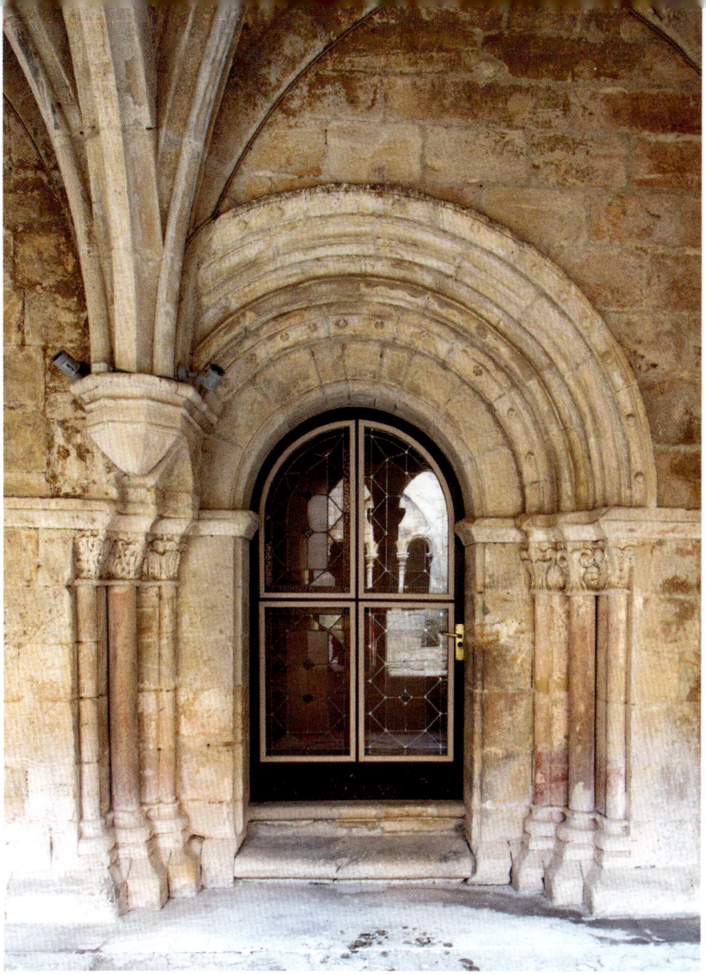

Puerta sur de la iglesia.
South door of the church.
Porte sud de l'église.

Vista de la espadaña desde el interior del claustro alto.
View of the belfry from inside high cloister.
Vue du clocher-mur depuis l'intérieur du cloître supérieur.

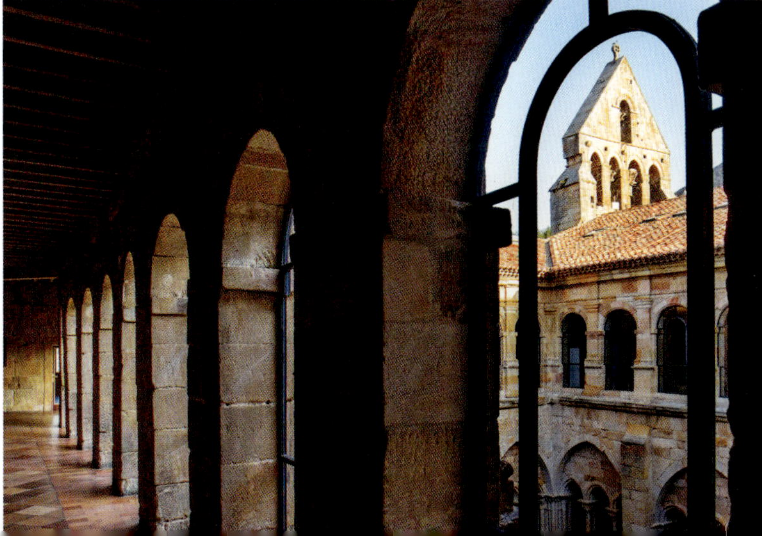

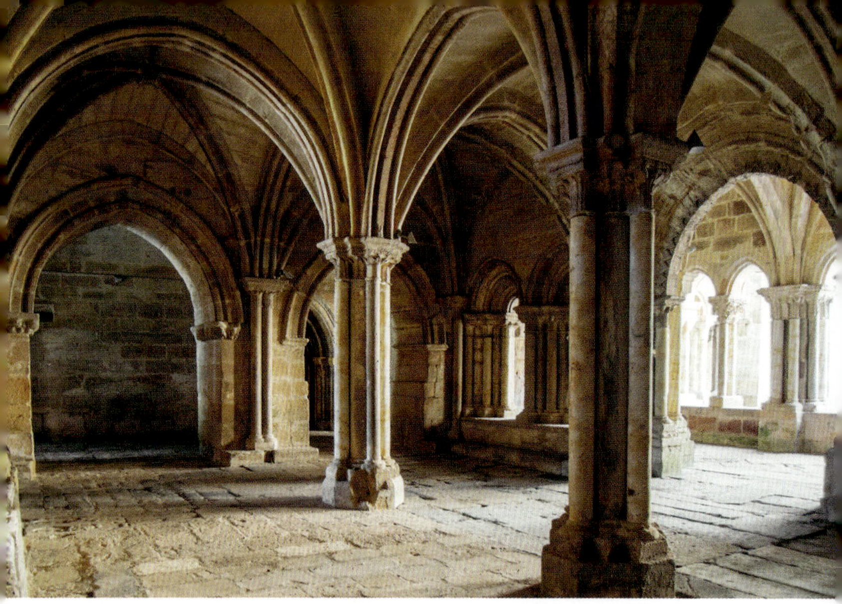

Interior de la sala capitular. En ella se conservan varios enterramientos.
Interior of the chapter house. Several burials are preserved in it.
Intérieur de la salle capitulaire, dans laquelle sont conservées plusieurs sépultures.

Panorámica del monasterio con la imagen del locutorio, sala capitular y claustro. Los arcos, antiguos arcosolios funerarios, que permiten visualizar la sala capitular, fueron abiertos en época moderna.
Panoramic view of the monastery with the image of the locutory, chapter house and cloister. The arches, former funerary arcosoliums which allow us to see the chapter house, were opened in modern times.
Vue panoramique du monastère avec l'image du parloir, de la salle capitulaire et du cloître. Les arcs, anciens arcosoliums funéraires, qui permettent de voir la salle capitulaire, furent ouverts à l'époque moderne.

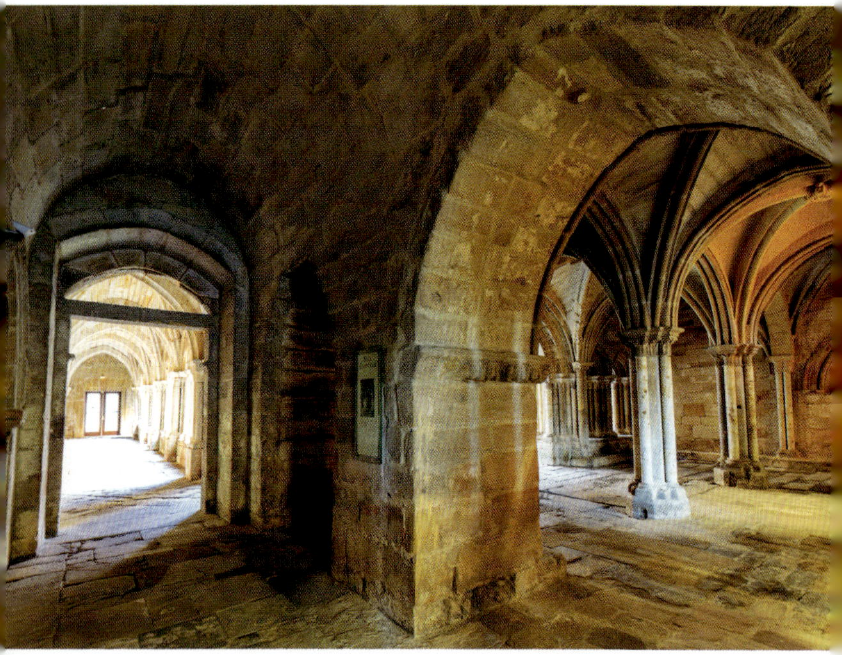

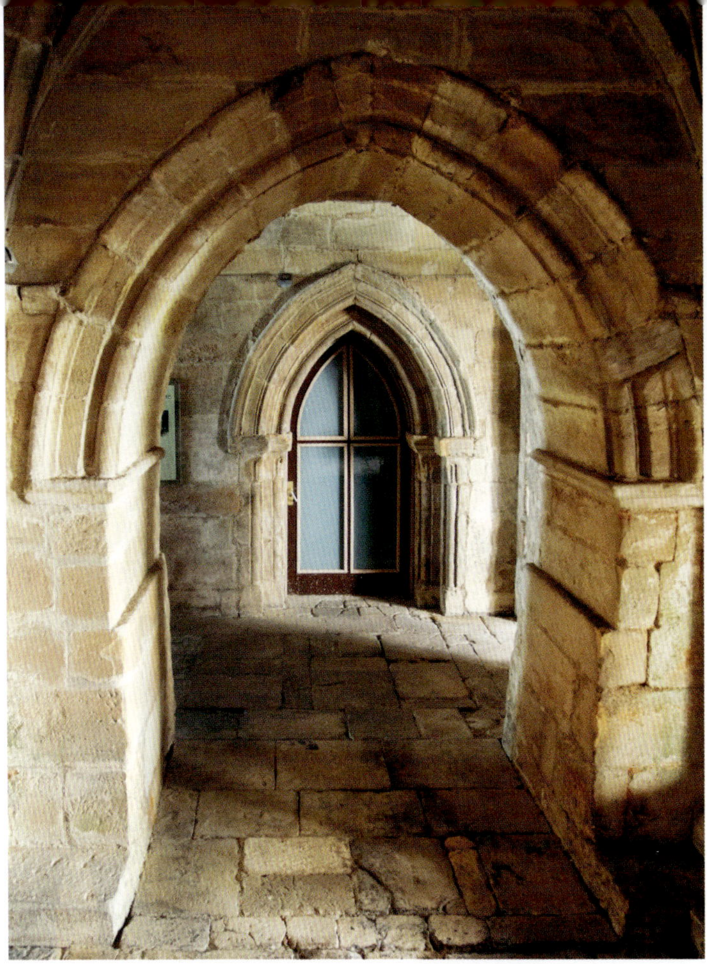

Puerta de entrada a la sala de monjes desde interior de la sala capitular.
Entrance door to the monks' hall from the interior of the chapter house.
Porte d'entrée de la salle des Moines depuis l'intérieur de la salle capitulaire.

Interior del refectorio.
Interior of the refectory.
Intérieur du réfectoire.

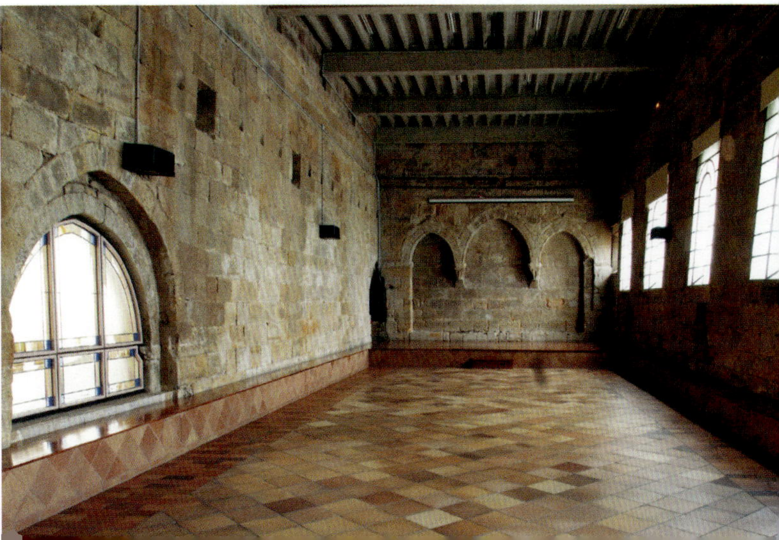

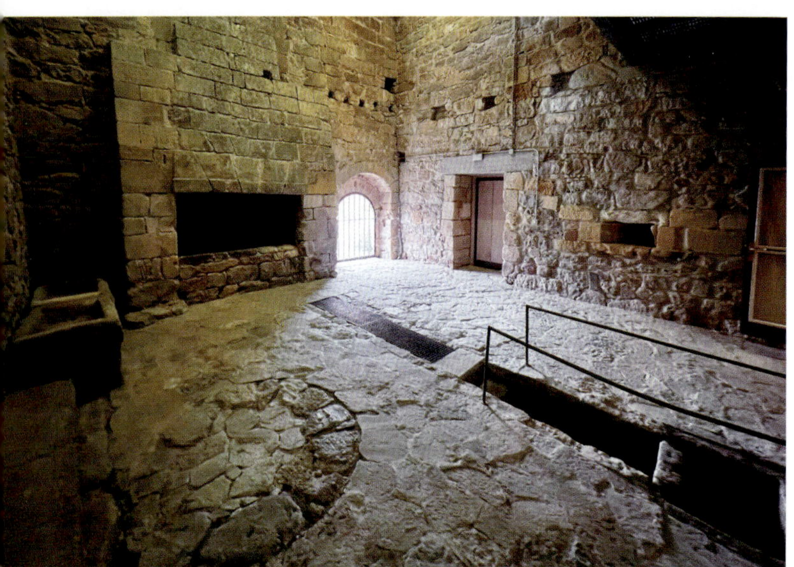

Interior de la cocina del monasterio. Fue profundamente reformada en época moderna, pero aún conserva restos de la medieval, como el antiguo hogar situado en primer plano.
Interior of the kitchen of the monastery. It was deeply renovated in modern times, but still retains traces of the medieval, as the old hearth in the foreground.
Intérieur de la cuisine du monastère. Elle fut profondément rénovée à l'époque moderne, mais elle conserve encore des traces de la cuisine médiévale, comme l'ancien foyer situé au premier plan.

Lado suroeste del edificio con la cocina y el claustro alto en primer plano.
Southwest side of the building with the kitchen and the high cloister in the foreground.
Côté sud-ouest de l'édifice avec la cuisine et le cloître supérieur au premier plan.

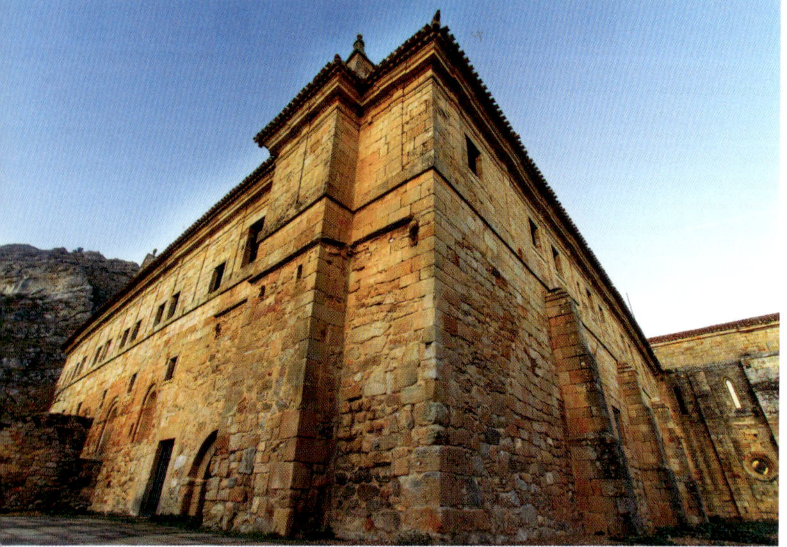

BIBLIOGRAFÍA BÁSICA

BASIC BIBLIOGRAPHY

BIBLIOGRAPHIE DE BASE

AA.VV., *Enciclopedia del Románico en Castilla y León. Palencia*, Fundación Santa María la Real, Aguilar de Campoo, 2002.

AA.VV., *Todo el Románico de Palencia*, Fundación Santa María la Real, Aguilar de Campoo, 2006.

Ara Gil, Clementina Julia, "El monasterio de Santa María la Real de Aguilar de Campoo", *Jornadas sobre el románico en la provincia de Palencia*, Palencia, 1986, pp. 75-85.

Assas, Manuel de, "Monasterio o Abadía de Aguilar de Campoo", *Museo Español de Antigüedades*, 1, 1872, pp. 597-670.

Assas, Manuel de, "Sepulcros de Aguilar de Campoo", *Museo Español de Antigüedades*, 2, 1873, pp. 101-124.

Bravo Juega, Isabel y Matesanz Vera, Pedro, *Los capiteles del monasterio de Santa María la Real de Aguilar de Campoo (Palencia) en el Museo Arqueológico Nacional*, Salamanca, 1986.

Franco Mata, Ángela, "Panorama general del románico español a través de los fondos del Museo Arqueológico Nacional", en *Enciclopedia del Románico de Madrid*, Fundación Santa María la Real, Madrid, 2008.

García Guinea, Miguel Ángel, *El Arte Románico en Palencia*, Palencia, 1961 (1990), pp. 185-195.

García Guinea, Miguel Ángel, "Las huellas de Fruchel en Palencia y los capiteles de Aguilar de Campoo", *Goya*, nº 43-45, 1961, pp. 158-167.

González de Fauve, María Estela, "Santa María de Aguilar de Campoo (siglos xii-xv). En torno a la crisis de un monasterio premonstratense", *Anuario de Estudios Medievales*, 18, 1988, pp. 123-132.

González de Fauve, María Estela, "Nacimiento y decadencia de un monasterio castellano: Santa María de Aguilar de Campoo (siglos xii-xv)", *Codex Aqvilarensis. Cuadernos de Investigación del monasterio de Santa María la Real*, 3, 1990, pp. 105-124.

González de Fauve, María Estela, *La orden premonstratense en España. El monasterio de Santa María la Real de Aguilar de Campoo (siglos xi-xv), Aguilar de Campoo*, 1992.

Hernando Garrido, José Luis, "Algunas notas sobre los sepulcros de Aguilar de Campoo: un grupo de escultórico palentino de 1300", *Boletín del Museo e Institución Camón Aznar*, XXXVII, 1989, pp. 87-119.

HERNANDO GARRIDO, José Luis, "Apuntes sobre las tallas vegetales protogóticas en el monasterio de Sta. María la Real de Aguilar de Campoo", *Actas del II Congreso de Historia de Palencia*, Palencia, 1990, pp. 527-531.

HERNANDO GARRIDO, José Luis, "Elementos tardorrománicos en la iglesia de Santa María la Real de Aguilar de Campoo (Palencia)", *Actas del II Curso de Cultura Medieval, Alfonso VIII y su época*, Aguilar de Campoo, 1992, pp. 235-252.

HERNANDO GARRIDO, José Luis, "Testimonios de escultura monástica procesional: dos relieves tardorrománicos inéditos en el monasterio de Santa María la Real de Aguilar de Campoo (Palencia)", *Boletín del Museo e Institución Camón Aznar*, LVIII,1994, pp. 21-48.

HERNANDO GARRIDO, José Luis, *Escultura tardorrománica en el Monasterio de Santa María la Real en Aguilar de Campoo (Palencia)*, Centro de Estudios del Románico, Aguilar de Campoo, 1995.

MARTÍNEZ RUIZ, María José, *La enajenación del Patrimonio en Castilla y León (1900-1936)*, Junta de Castilla y León. Consejería de Cultura y Turismo. 2008.

LAMPÉREZ Y ROMEA, Vicente, "El Monasterio de Aguilar de Campoo (Palencia)", *Boletín de la Sociedad Española de Excursiones*, XVI, 1908, pp. 502-504.

LAMPÉREZ Y ROMEA, Vicente, *Historia de la arquitectura cristiana española en la Edad Media*, t. III, Madrid, 1930, pp. 405-410.

MATESANZ VERA, Pedro, "El monasterio de Santa María la Real. Arqueología y Arquitectura". *Boletín de Arqueología Medieval*, Nº7, 1993, págs. 95-116.

MÉLIDA, José Ramón, "El monasterio de Aguilar de Campoo", *Boletín de la Real Academia de la Historia*, 66, 1915, pp. 43-49.

MERCHÁN FERNÁNDEZ, Carlos, *Sobre los orígenes del régimen señorial en Castilla: El abadengo de Aguilar de Campoo (1020-1369)*, Málaga, 1982.

NAVARRO GARCÍA, Rafael, *Catálogo Monumental de la Provincia de Palencia. Fascículo Tercero: Partidos Judiciales de Cervera de Río Pisuerga y Saldaña*, Palencia, 1939, pp. 259-271.

NUÑO GONZÁLEZ, Jaime, *Románico Imprescindible. Palencia.* Fundación Santa María la Real, Aguilar de Campoo, 2002.

PÉREZ GONZÁLEZ "PERIDIS", José María, *Hasta una ruina puede ser una esperanza*, Fundación Santa María la Real del Patrimonio Histórico, 2019, Aguilar de Campoo.

REVUELTA GONZÁLEZ, Manuel, "Aspectos religiosos en la guerra de la independencia y su repercusión en Palencia", *Publicaciones de la Institución Tello Téllez de Meneses*, 79, 2008, pp. 155-178.

REVUELTA GONZÁLEZ, Manuel, "La desamortización eclesiástica en Aguilar de Campoo", *Publicaciones de la Institución Tello Téllez de Meneses*, 43, 1979, pp. 173-208.

REVUELTA GONZÁLEZ, Manuel, *La exclaustración (1833 – 1840)*, Editorial Católica, Madrid, 1976.

REVUELTA GONZÁLEZ, Manuel, "Origen, ocaso y renovación en los conventos palentinos", *Publicaciones de la Institución Tello Téllez de Meneses*, 63, 1992, pp. 47-84.

RODRÍGUEZ, Daniel, *El monasterio aquilarense o Abadía de Aguilar de Campóo*, Madrid, 1897.